CAROLA SCHNEIDER

Mein Russland

*Begegnungen in einem
widersprüchlichen Land*

www.kremayr-scheriau.at

ISBN 978-3-218-01083-2
Copyright © 2017 by Verlag Kremayr & Scheriau GmbH & Co. KG, Wien
Alle Rechte vorbehalten
Schutzumschlaggestaltung: Sophie Gudenus, Wien
Unter Verwendung eines Fotos von picturedesk.com / Sergei Gapon
Bilder im Innenteil: S. II Jan Seliger; S. III oben Sergej Jatmasow;
S. III unten Alexander Baranowski; S. VII oben Alexej Jurkow;
alle anderen aus dem Archiv der Autorin
Typografische Gestaltung und Satz: Michael Karner, Gloggnitz
Druck und Bindung: Christian Theiss GmbH., St. Stefan i. Lavanttal

Inhalt

»Alle haben auf Russland herabgesehen. Dann ist Putin gekommen und hat gesagt: Hier sind wir. Mit uns muss man wieder rechnen.«
Makar Wichljanzew, Pro-Putin-Propagandabewegung, Moskau **89**

»Die Welt muss den Willen der Krim-Bevölkerung anerkennen. Punkt!«
Jewgenij Repenkow, prorussischer Fußball-Manager, Krim **107**

»Man darf nicht einfach etwas wegnehmen, das einem nicht gehört. Die Krim gehört weder Russland noch der Ukraine, sondern uns, den Krimtataren.«
Sarina Ametowa, Krimtatarin, Menschenrechtlerin, Krim **121**

»Für die Mächtigen sind wir, das Volk, wie ein Schwarm lästiger Insekten, die man vertreiben muss.«
Pawel Schelkow, Putin-Kritiker und Kämpfer gegen Willkür und Gesetzlosigkeit durch Beamte und Politiker, Moskau **135**

»Nationale Fragen sind bei uns wichtiger als alles andere. Etwas Gutes, Menschliches oder echte Hilfe für die Bevölkerung gibt es nicht.«
Jurij Fidelgolz, Pensionist und ehemaliger Gulag-Häftling, Moskau **151**

Vorwort

Russland fasziniert, überwältigt und erschreckt zugleich. Das größte Land der Welt, das regelmäßig weltweit die Schlagzeilen dominiert, ist für viele Beobachter im Ausland, aber oft auch für seine eigenen Bewohner, unbegreiflich. Ein Land, das keine Diktatur ist, aber auch keine Demokratie, bezeichnet doch Präsident Putin selbst das politische System unter seiner Ägide als »gelenkte Demokratie«, die bei näherem Hinsehen jedoch ein autoritäres Regime mit schlecht bis gar nicht funktionierenden staatlichen Institutionen und einer zunehmend geknebelten Bürgergesellschaft ist. Ein Land, das im Europa des 21. Jahrhunderts völkerrechtswidrig Staatsgrenzen neu zieht und die Friedensordnung in Frage stellt. Das seit dem Zusammenbruch der Sowjetunion verzweifelt nach einer neuen nationalen Identität sucht. Das sich vom Westen gedemütigt fühlt und trotz wirtschaftlicher Schwäche sich und die anderen davon überzeugen will, den westlichen Ländern überlegen zu sein. Das auf der internationalen Bühne als Großmacht akzeptiert werden will und doch alles tut, um – zumindest von der westlichen Staatengemeinschaft – vielmehr mit erstauntem Schrecken als mit Anerkennung beobachtet zu werden. Ein Land, das trotzdem viele – und auch mich – nicht mehr loslässt, wenn man sich darauf eingelassen hat.

Man könne Russland mit dem Verstand nicht erfassen, sondern nur an das Land glauben, hat der russische Dichter Fjodor Tjuttschew sinngemäß gesagt. Ein Satz, den meine russischen Freunde gerne zitieren, wenn ich wieder einmal vergeblich versuche, manche politischen Ereignisse und gesellschaftlichen Entwicklungen in Russland rational zu verstehen. Zum Beispiel, warum der Weg zu einem demokratischen Rechtsstaat viel länger ist, als sich nach dem Zusammenbruch der Sowjetunion viele in und vor allem außerhalb Russlands erhofft haben. Warum Denk- und Verhaltensmuster aus den Zeiten der kommunistischen Diktatur noch immer omnipräsent sind, obwohl zumindest die russischen Metropolen durchaus europäisch wirken und der Kapitalismus und die Konsumgesellschaft hier längst Einzug gehalten haben. Und warum die Gesellschaft nicht mehr Widerstand leistet, wenn ihre Freiheitsrechte zunehmend eingeschränkt werden. Mit dem Verstand sei Russland nicht zu ermessen, betonen meine Freunde, und sie gestehen ein, dass sie diesen Entwicklungen selbst zuweilen rat- und verständnislos gegenüberstehen, obwohl sie Bürger Russlands und in diesem Land aufgewachsen sind.

Was mich denn an Russland so fasziniere, werde ich in Österreich oft gefragt, wenn ich erzähle, dass mich das Land fesselt und mir zur zweiten Heimat geworden ist. Es sind die Menschen, antworte ich dann, die in meinen Augen eine ganz eigene Tiefe haben. Die mit Würde und Unbeugsamkeit den überall präsenten Schwierigkeiten des Lebens begegnen und sie immer wieder von Neuem zu meistern versuchen.

Mit dem vorliegenden Buch möchte ich versuchen, Russland anhand einiger jener Menschen zu beschreiben, denen ich in meiner Arbeit als Korrespondentin oder aber privat begegnet bin und die mich – jeder auf seine Weise – besonders beeindrucken. Mit ihrer Authentizität, in dem, was sie tun, wofür sie sich einsetzen und woran sie glauben, trotz oder wegen der besonderen Geschichte Russlands und des für Westeuropäer und auch für sie selbst oft schwer begreiflichen Wegs, den Russland innen- und außenpolitisch zuletzt eingeschlagen hat.

Dieses Buch ist keine repräsentative gesellschaftliche Studie und auch keine wissenschaftliche politische Analyse. Es ist eine zutiefst subjektive Auswahl von Menschen, die ich ebenso subjektiv beschreibe. Zu Wort kommen Menschen aus der Millionenmetropole Moskau ebenso wie aus Sibirien oder von der Krim, Kritiker genauso wie Anhänger des politischen Kurses unter Präsident Putin, Bauern, Künstler, Journalisten, Propagandisten, Menschenrechtsaktivisten, Unternehmer. Sie sprechen über Russland unter Präsident Putin, über seine zunehmend repressive Politik, die umstrittene Rolle der immer mächtigeren russisch-orthodoxen Kirche, über die Aufgabe der Kunst und der zunehmend geknebelten Medien in der russischen Gesellschaft.

Meine »Helden« sind völlig unterschiedliche Charaktere, aber sie haben gemeinsam, dass sie einfache Menschen sind, keine Stars, keine Politiker, keine Oligarchen. Und dass jeder von ihnen auf seine ihm eigene Weise versucht, Russland zu einem besseren Land zu machen. Zu einem moderneren, offeneren, demokratischeren, auch wenn diese Begriffe zuweilen unterschiedlich gedeutet werden. Gemeinsam ist den Porträtierten auch, dass sie bereit sind, offen über ihre Hoffnungen, Träume und ihr Scheitern zu erzählen. Darüber, warum sie trotz Rückschlägen, politischen Drucks und Enttäuschungen an ein Russland glauben, das eines Tages ein freies, europäisches Land sein wird. Und warum auf diesem steinigen Weg auch kleine Erfolge manchmal große Siege sind.

Es sind Menschen wie jene, die ich in diesem Buch beschreibe, die mich an und für Russland begeistern. Und die mir helfen, Russland – wenn schon nicht zu begreifen –, so doch ein wenig besser kennenzulernen. Mit all seinen Brüchen, Kontrasten und Widersprüchen. Es würde mich freuen, wenn auch die Leser und Leserinnen dieses Buches durch meinen persönlichen Blick auf Russland und seine Menschen dem Land auf eine neue und vielleicht unerwartete Art begegnen.

»Eines Tages wird Russland ein demokratischer Rechtsstaat und zur europäischen Völkerfamilie gehören.«

Ljudmila Alexejewa, Grande Dame der russischen Menschenrechtsbewegung, Moskau

Der Eingang in das Wohnhaus von Ljudmila Alexejewa im Stadtzentrum von Moskau liegt etwas versteckt in einer schmalen Seitenstraße. Der Weg dorthin führt am Denkmal für Bulat Okudschawa vorbei, den berühmten Chansonnier, der zu Sowjetzeiten in melancholischen Liedern leise Kritik am düsteren Alltag, der drückenden gesellschaftlichen Stimmung, an Krieg und Militarisierung geübt hat.

Auch Ljudmila Alexejewa wird nicht müde, Kritik zu üben. An der politischen Führung in Russland, die grundlegende Freiheitsrechte der Bürger einschränkt, von der Versammlungs- bis zur Pressefreiheit. Die ein willfähriges Parlament und folgsame Gerichte als völlig in Ordnung ansieht. Der kritische Blick und der Wunsch, sich für eine starke Bürgergesellschaft einzusetzen, liegt Alexejewa im Blut. Den Großteil ihres Lebens hat die nunmehr 90-jährige Ikone der russischen Menschenrechtsbewegung dem Kampf für mehr politische Freiheit in ihrer Heimat gewidmet. Sie ist Mitglied der ersten Stunde und seit rund 20 Jahren auch Leiterin der renommierten russischen Menschenrechtsorganisation »Moskauer Helsinki-Gruppe«. Für ihre Arbeit ist Alexejewa mit zahlreichen internationalen Preisen ausgezeichnet worden.

In ihrer Heimat erntet sie für ihr Engagement aber bei Weitem nicht nur Lob. Als uns die zierliche Frau mit schneeweißer Pagenfrisur in ihrem Wohnzimmer empfängt, erzählt sie, sie habe vor Kurzem wieder einmal ein vielsagendes »Abenteuer« erlebt. Ein russisches Kamerateam habe sie angerufen und um ein Interview zum Thema Migration und Flüchtlingswelle in Europa gebeten. Das Team habe sich als liberaler Sender vorgestellt, der im Namen das Wort »Freiheit« getragen habe. Sie habe daraus geschlossen, dass es sich um »Radio Free Europe« handle und zugesagt. »Als das Kamerateam dann gekommen ist, haben sie mir auf dem Telefonbildschirm ein Video vorgespielt, auf dem zu sehen ist, wie auf einem Berliner Bahnhof ein Immigrant eine Frau von einer Stiege stößt«, erzählt Alexejewa. »Und sie haben auch gefilmt, wie ich darauf gesagt habe, das sei entsetzlich.« Später, als die Journalisten vor dem Verlassen der Wohnung ihre Geräte zusammenpackten, sah Alexejewa in einer der Taschen des Kamerateams ein Mikrofon mit dem Logo eines kremltreuen Fernsehsenders, der immer wieder mit Hetzkampagnen gegen Oppositionelle, Bürgerrechtsaktivisten und regimekritische Kulturschaffende von sich reden macht. Auch Ljudmila Alexejewa wird in Sendungen dieses Kanals regelmäßig als Mitglied der »Fünften Kolonne« verunglimpft. So werden in Russland, unter anderem auch von Präsident Putin, angeblich vom Ausland gesteuerte »Vaterlandsverräter« bezeichnet, denen vorgeworfen wird, Russland von innen heraus zerstören zu wollen. Das besagte Interview mit Ljudmila Alexejewa, für das sich die Journalisten unter falschem Namen vorgestellt hatten, wurde wenige Tage später auf dem Sender ausgestrahlt. »Es wurde natürlich gezeigt, wie ich gesagt habe, dass ich die Tat des Immigranten furchtbar finde«, erzählt Alexejewa kopfschüttelnd. »Dabei ist es doch ganz normal, furchtbar zu finden, wenn jemand eine Frau von der Stiege stößt, ganz egal, woher er kommt.« Danach sei vom Reporter in der Sendung behauptet worden, sie sei gegen die Zuwanderung von Ausländern in Europa. »›Sogar die Menschenrechtlerin Ljudmila Alexejewa ist dagegen‹, hat es geheißen. Dabei habe ich nichts dergleichen gesagt. Ich bin nicht gegen Migration, ich habe selbst jahrelang im Exil in den USA gelebt.«

Dieser Vorfall ist nur eines von vielen Beispielen, das charakteristisch ist für die zum großen Teil politisch gesteuerte Medienlandschaft in Russland, deren Aufgabe nicht ist, einfach Nachrichten zu verbreiten, sondern politische Botschaften zu verkünden. Zum Teil auch mit Tricks und Lügen. Es sollen jene Botschaften verkündet werden, die dem Kreml im Moment gerade genehm sind. So wird die Flüchtlingswelle in Europa in den kremlnahen Massenmedien nicht zufällig als große Gefahr für Europa dargestellt, das angeblich mitsamt seiner »falsch verstandenen Toleranz anderen Kulturen gegenüber« und seinen »liberalen und liederlichen moralischen Werten« nun vor dem Untergang stehe. Während Russland zugleich als Hüterin christlicher Werte und der traditionellen Familie als ein Europa überlegenes Land gezeigt wird. Eine Botschaft, die auch Präsident Putin und mit ihm die ganze politische Führung und der Patriarch der russisch-orthodoxen Kirche unermüdlich betonen. Sie passt zum aktuellen politischen Kurs von Wladimir Putin, der angesichts der schweren Wirtschaftskrise und fehlender positiver Zukunftsperspektiven versucht, die Russen davon zu überzeugen, sie seien zumindest ideologisch dem Westen überlegen.

2017 werde Russland ein freies, demokratisches Land sein, hat Ljudmila Alexejewa vor einigen Jahren prophezeit. Als wir sie zum Interview treffen, ist es Dezember 2016. Wie sie nun über ihre Prognose denke, frage ich sie. »Ich habe mich geirrt«, sagt Alexejewa und lächelt leise. »Das habe ich schon 2014 begriffen, als nach der plötzlichen Übernahme der Krim durch Russland eine landesweite hysterische Euphorie ausgebrochen ist.« Damit meint die Menschenrechtlerin, dass damals laut einem unabhängigen Meinungsforschungsinstitut 86 Prozent der russischen Bevölkerung die Krim-Annexion guthießen.»Krim nasch«, das heißt auf Deutsch »die Krim gehört uns«, ist seither fast schon zu einem geflügelten Wort geworden, sowohl bei den Befürwortern als auch bei den Gegnern der Annexion.»Krim nasch« steht für die hurra-patriotische Welle, die Russland seither erfasst hat und vielen Anhängern von Präsident Putins Führung als Rechtfertigung seines Kurses bzw. als »Trostpflaster« für politische und wirtschaftliche Unannehmlichkeiten im russischen Alltag gilt, die wegen der internationalen Sanktionen, die die Annexion mit sich brachte, erduldet werden müssen. Gegner der Annexion verwenden den Begriff, um ebendiese politisch und medial propagandistisch verstärkte Patriotismus-Welle zu kritisieren.

»Ich habe völlig unterschätzt, dass Russland als imperiale Nation zwar nicht mehr existiert, die Nostalgie aber schon. Und das nicht nur in den Köpfen der Regierenden, sondern auch in jenen der ganz normalen Menschen«, erklärt die Menschenrechtlerin Ljudmila Alexejewa. Vor allem außerhalb der Großstädte und in weniger gebildeten Schichten könnten sich viele bis heute nicht mit dem Verlust der imperialen Rolle Russlands abfinden. Diese Menschen würden die Krim-Eingliederung gut finden, ganz nach dem Motto: »Lieber vor lauter Armut einen nackten Hintern, aber im Gegenzug in einem Land leben, das alle in der Welt wieder fürchten«, lacht Alexejewa. Sie selbst wolle jedoch nicht, dass Russland gefürchtet werde, meint sie, und das Lachen verschwindet aus ihrem Gesicht. Sie wünsche sich, dass ihre Heimat im Ausland geliebt und geachtet werde. Immerhin gebe es genügend Gründe dafür. Nicht nur, dass die Sowjetunion mit ihren vielen Millionen Kriegstoten größere Opfer als jedes andere Land gebracht habe, um im Zweiten Weltkrieg Hitler-Deutschland zu besiegen. »Wir haben auch unsere Kultur, unsere Musik und Poesie! Wir haben alles, um unseretwegen geliebt zu werden. Wozu soll man uns also fürchten? Aber viele meiner Mitbürger sehen das anders.«

Ich frage Alexejewa, wo sie heute in Russland die größte Gefahr für die Menschenrechte sehe: in der Einschränkung der Presse- und Versammlungsfreiheit, in der Tatsache, dass man etwa für regierungskritische Postings in sozialen Netzwerken schon ins Straflager kommen kann oder in Gefängnissen regelmäßig gefoltert wird? »Es sind die Gerichte, die nicht unabhängig sind. Wir brauchen eine unabhängige Justiz, das ist das Allerwichtigste«, antwortet Alexejewa ohne zu zögern. »Wenn die politische Führung Gesetze bricht, wird sie in einem Land mit unabhängigen Gerichten verurteilt«, erklärt die Bürgerrechtlerin. Das sei aber in Russland nicht möglich, denn hier seien alle Institutionen vom Kreml abhängig, vom Parlament bis zu den Gerichten.

»Wir sind wieder ein autoritärer Staat«, sagt Alexejewa. »In den 1990er-Jahren, als die Sowjetunion zusammengebrochen war, waren wir im Vergleich zu heute frei! Wir waren keine wirkliche Demokratie und schon gar kein Rechtsstaat. Aber wir waren ein freies Land. Jetzt nicht mehr. Es gibt keine freie Presse, kein freies Parlament und auch keine unabhängigen Gerichte.«

Damals, in den 1990er-Jahren, seien zwar Institutionen wie das Parlament und die Gerichte auch nicht völlig unabhängig gewesen, gesteht Alexejewa ein. Aber zumindest habe sich das Land damals in Richtung Freiheit bewegt. Heute bewege sich Russland rückwärts. Als ausgebildete Historikerin wisse sie, dass nach Revolutionen immer ein Rückschlag folge. Und einen solchen erlebe Russland nun, ausgelöst durch die »Revolution« des Zusammenbruchs der Sowjetunion. Diese aktuelle Rückwärtsbewegung sei aber länger und tiefgehender, als sie es erwartet habe, so die Menschenrechtlerin. »Das liegt nicht an uns Russen als Menschen«, sagt sie. »Wir sind nicht schlechter als jene, die in freien Ländern leben, als meine Freunde in den USA zum Beispiel.« Im Unterschied zu diesen Ländern habe Russland aber eine einzigartig tragische Geschichte, die die Menschen präge, ist Alexejewa überzeugt. »Wenn man die Geschichte unseres unglücklichen Landes betrachtet, so gibt es viele große, schwarze Flecken und nur ganz wenige kleine und helle«, meint Alexejewa. »Wir liegen genau an der Schwelle zwischen Ost und West. Die Schläge aus dem Osten haben wir immer als erste und sehr heftig abbekommen. Zum Beispiel die Herrschaft der Mongolen. Hunderte Jahre ist das tatarisch-mongolische Joch schon vorbei. Und doch hat es bis heute Spuren hinterlassen. Wir haben mehr als andere Länder Elemente aus dem ›wilden‹ Osten übernommen. Die Mongolei war ja ein wildes Land damals.« Alexejewa zieht einen Vergleich mit der Ukraine und meint, dass die Mongolen zwar auch bis Kiew vorgedrungen seien und dort alles zerstört hätten. Doch seien sie rasch zurückgeworfen worden, während sie in Russland sehr lange herrschten. »Und schauen Sie doch, welchen Unterschied das bis heute macht«, meint Ljudmila Alexejewa. »Es scheint, als ob die Russen und Ukrainer verwandte Völker sind, sogar die Sprache ist ähnlich. Aber die Psyche ist eine völlig andere. Die Ukrainer haben den Maidan. Wir in Russland nicht.«

In ihren Augen sei nicht allein Präsident Wladimir Putin am repressiven politischen Klima im Land schuld. Sondern auch die russische Gesellschaft, die ein solches Regime fast widerspruchslos zulasse. »Jeder Machthaber in jedem Land wäre ein Despot, wenn das die Bürger zulassen würden. Politische Macht verleitet sehr dazu, vor allem, wenn man lange genug über sie verfügt.« Im Unterschied zu Russland existiere in demokratischen Ländern aber eine starke und aktive Bürgergesellschaft, die nicht erlaube, dass Spitzenpolitiker sich wie Herrscher aufführten.»Bei Ihnen sind Politiker die Diener der Gesellschaft und versuchen alles, um dieser zu gefallen und ja nicht verschmäht zu werden. In Russland wird das auch eines Tages so sein. Aber erst, wenn auch die hiesige Bürgergesellschaft stark genug ist, um ihrer politischen Führung Grenzen zu setzen.«

Allerdings will Präsident Putin mit den zahlreichen repressiven Gesetzen, die er seit Beginn seiner jüngsten Amtszeit beschließen ließ, genau dies verhindern: eine unabhängige und kritisch denkende Bürgergesellschaft, die die politische Führung kontrolliert. Im heutigen Russland genehmigen die Behörden so gut wie keine Demonstrationen mehr, obwohl dies der Verfassung widerspricht, und man kann schon für stille Mahnwachen auf der Straße im Straflager landen. Dies, obwohl solche stillen Formen des Protests sogar im restriktiven russischen Versammlungsrecht ausdrücklich erlaubt sind. Der Druck auf die wenigen verbliebenen kritischen Medien wird immer größer, und das noch einigermaßen freie Internet wird immer stärker kontrolliert.

Auch Ljudmila Alexejewa und die von ihr geleitete Moskauer Helsinki-Gruppe sind Opfer dieser Politik geworden. Laut einem 2012 beschlossenen und auch international heftig kritisierten Gesetz müssen sich Nichtregierungsorganisationen, die politisch tätig sind und finanzielle Förderungen aus dem Ausland erhalten, offiziell als »ausländischer Agent« bezeichnen. Der Begriff »politische Tätigkeit« ist im Gesetz so schwammig definiert, dass praktisch jede in den Augen der Behörden unliebsame Organisation darunter fällt. Der Stempel »ausländischer Agent« macht jedoch für die betroffenen

NGOs das Arbeiten in Russland praktisch unmöglich. Der Begriff ist äußerst negativ besetzt. Zu Sowjetzeiten wurden (auch und vor allem angebliche) Spione und Vaterlandsverräter so bezeichnet und hingerichtet oder zu jahrelanger Lagerhaft verurteilt. Weil auch die Moskauer Helsinki-Gruppe für ihre Menschenrechtsprojekte in Russland Geld von ausländischen Sponsoren erhielt, lief sie Gefahr, als »ausländischer Agent« gebrandmarkt zu werden. Daher stellte Alexejewa nach dem Beschluss des Gesetzes sofort die ausländischen Finanzzuschüsse ein. Es wäre undenkbar gewesen, als »ausländischer Agent« Menschenrechtsprojekte in Russland durchzuführen, erklärt sie. Ich erinnere mich gut an den Kommentar der betagten Aktivistin, der damals auch international Aufmerksamkeit erregte: Wenn die Moskauer Helsinki-Gruppe ohne ausländische Hilfe nun zu wenig Geldmittel habe, werde sie eben ihre private Porzellansammlung verkaufen. Alexejewa lacht, als ich sie in unserem Gespräch an ihre Aussage erinnere. »Ja«, sagt sie und macht eine ausladende Geste in Richtung eines großen Wandregals in ihrem Wohnzimmer, auf dem Teller, Tassen und Krüge aus dem berühmten russischen, blau-weißen Gschel-Porzellan thronen. »Das hätte ich alles verkauft.«

Dazu ist es dann aber doch nicht gekommen. Präsident Putin wollte sich offenbar nicht der Kritik aussetzen, die älteste russische Menschenrechtsorganisation in den Ruin zu treiben, und so erhält die Moskauer Helsinki-Gruppe seither jährlich Mittel aus einem Förderungstopf des Kreml. Allerdings handle es sich nur mehr um ein Zehntel jenes Betrags, der der Organisation früher zur Verfügung stand, erzählt Alexejewa. Sowohl die Zahl der Mitarbeiter als auch die Projekte mussten drastisch gekürzt werden. Und dennoch hält die Aktivistin an ihrem unerschütterlichen Optimismus fest. »Wissen Sie, so schlimm es heute auch sein mag, es ist besser als zu Zeiten der Sowjetunion«, meint sie.»Heute machen wir uns darüber Gedanken, ob wir vom Präsidenten Förderungen bekommen oder von Sponsoren. Damals haben wir dieses Wort nicht einmal gekannt. Zu Sowjetzeiten hat niemand das Wort ›Menschenrechte‹ auch nur in den Mund genommen. Und unsere Bewegung wurde nicht offiziell registriert.«

Als die Moskauer Helsinki-Gruppe 1976 von einer Gruppe Dissidenten, unter ihnen Friedensnobelpreisträger Andrei Sacharow, gegründet wurde, war sie im Untergrund tätig. Die kleine Wohnung von Alexejewas Familie war geheimes Büro und Treffpunkt der Aktivisten. Alexejewa lacht, als sie erzählt, dass es zuweilen wegen Platzmangels so eng wurde, dass ihr Mann und ihr Sohn lieber außer Haus arbeiteten und lernten als in der verdeckten Aktivisten-Zentrale. Schon wenige Monate nach der Gründung der Menschenrechtsgruppe hätten die ersten Verhaftungen begonnen, erinnert sich Alexejewa und das Lachen verschwindet aus ihrem Gesicht. »Ein Mitglied nach dem anderen haben sie abgeholt. Zuerst hier in Moskau, danach in der Ukraine und in Litauen. Zunächst haben wir weiterhin Dokumente veröffentlicht, denn es sind trotz der Verhaftungswelle immer neue Leute zu unserer Bewegung gestoßen.« Bis die schon fast zerschlagene Menschenrechtsgruppe aufhörte, neue Mitglieder aufzunehmen. »Für uns tätig zu sein hat einen Direktflug ins Straflager bedeutet. Wir haben entschieden, dass nun Schluss mit neuen Mitgliedern ist«, erzählt Alexejewa. Sie selbst wanderte angesichts der drohenden Verhaftung im Frühjahr 1977 mit ihrem Mann und ihrem Sohn nach Amerika aus.

Zunächst habe sie sich gegen das Exil gesträubt, erinnert sie sich. Aber schließlich habe sie den Gedanken nicht mehr ertragen, dass ihr Mann oder ihr Sohn wegen ihrer Aktivisten-Tätigkeit womöglich Jahre im Straflager verbringen würden.»Sie waren keine Mitglieder der Gruppe, aber haben mir immer wieder geholfen. Zum Beispiel illegal gedruckte Bücher zu schleppen. Wenn man sie dabei erwischt hätte, wären sie sofort verhaftet worden. Sieben Jahre Lager und fünf Jahre Verbannung hätten sie mit Sicherheit ausgefasst. Solche Fälle gab es damals täglich.« Und so verließ Alexejewa schweren Herzens mit ihrer Familie die Sowjetunion in Richtung USA.»Dort ist es dann aber besser gelaufen als erwartet«, lächelt sie. Denn sie habe im Exil als »internationale Vertreterin« weiterhin für die Moskauer Helsinki-Gruppe tätig sein können. Unter anderem habe sie die Dokumente der Organisation ins Englische übersetzt und den Regierungen demokratischer Staaten übermittelt, damit diese auf die Führung der Sowjetunion Druck ausübten, um die Dutzenden Aktivisten der Gruppe, die im Lager saßen, freizubekommen.

»Im Vergleich dazu gibt es doch heute Fortschritte, oder? Weder Sie noch ich werden nach unserem Gespräch abgeführt und verhaftet«, schmunzelt Ljudmila Alexejewa.»Und während früher die Sowjetführung den Begriff Menschenrechte nicht einmal erwähnte, so sprechen doch heute alle russischen Politiker und Beamten davon. Weil sie genau wissen, dass sie sie eigentlich respektieren müssten.«

Alexejewa kehrte nach dem Zusammenbruch der Sowjetunion nach Russland zurück und setzt seither ihren Kampf für mehr Bürgerrechte unermüdlich fort. Als im Winter 2011/2012 massive Fälschungen bei der Parlamentswahl Zigtausende Menschen in Russlands großen Städten auf die Straße trieben, war Alexejewa stets mit dabei. Seit solche Massendemonstrationen wegen des eingeschränkten Versammlungsrechts nicht mehr möglich sind, protestiert die Aktivistin mit sogenannten Mahnwachen gegen Rechtsverletzungen. So sitzt sie trotz ihres hohen Alters stundenlang vor dem Parlamentsgebäude, in den Händen ein Protestplakat gegen ein Gesetz, das es offiziell erlaubt, in den Straflagern Gefangene zu schlagen. Ob es nicht frustrierend sei, zuweilen ganz allein gegen Unrecht protestieren zu müssen, frage ich Alexejewa. Und ob sie sich nicht frage, wo denn die Jugend sei und warum diese nicht auch vermehrt auf die Barrikaden steige. »Ach was«, lacht Alexejewa. »Das ist doch ganz normal, dass die Leute nicht rund um die Uhr demonstrieren, sondern sich hauptsächlich um ihr Alltagsleben und ihre Familie kümmern. Oder gibt es in Österreich etwa dauernd Protestaktionen gegen Rechtsverletzungen?« Man müsse als Menschenrechtlerin einen langen Atem haben, seufzt Alexejewa. Meistens erleide man Niederlagen und nur selten erziele man Erfolge. Wenn man aber einmal einem konkreten Menschen helfen könne, dessen Grundrechte verletzt würden, dann gebe das die nötige Kraft, um weiterzumachen. »Ich schätze mich glücklich, dass ich zur rechten Zeit am rechten Ort war. Genau dann, als in der Sowjetunion die Menschenrechtsbewegung entstand. Obwohl ich schon eine gestandene Frau mit Beruf und Familie war, denke ich, dass mein Leben damals eigentlich erst richtig begonnen hat.«

Heute ist Ljudmila Alexejewa Mitglied des Menschenrechtsrats des russischen Präsidenten, eines Gremiums, das viele Kritiker als Feigenblatt des Kreml bezeichnen, der sich damit schmücke wolle, ohne jedoch tatsächlich die Einhaltung der Grundrechte im Land zu verbessern. Auch Alexejewa selbst wird in Aktivisten-Kreisen immer wieder dafür kritisiert, dass sie sich bei den Sitzungen des Menschenrechtsrats regelmäßig mit Präsident Putin trifft. Über diese Kritik schüttelt sie den Kopf. »Ich bin Menschenrechtlerin, nicht Politikerin«, betont sie. Und als solche müsse sie mit den Machthabern zusammenarbeiten, um etwas erreichen zu können. »Wer verletzt denn die Grundrechte im Land? Die

Bürgerrechts-Aktivisten etwa? Soll ich denen erzählen, dass man die Menschenrechte achten muss? Nein, das muss ich der Obrigkeit im Land erklären. Und das tue ich!«

Angesichts der aktuellen Rückwärtsbewegung in Russlands Politik gebe es nur mehr wenige Möglichkeiten, die Grundrechte zu verteidigen. Der Menschenrechtsrat des Kreml sei eine davon. Immerhin könne in konkreten Fällen geholfen werden. So schicke der Menschenrechtsrat immer wieder Beobachter-Kommissionen durchs Land. »Wenn wir feststellen, dass in einem Waisenheim die Kinder schlecht behandelt werden, können wir dafür sorgen, dass die Heimleitung ausgewechselt wird.« Dass die Beobachter des Menschenrechtsrats aber oft genug vor verschlossenen Türen stehen, etwa vor Gefängnissen, in denen Insassen misshandelt und gefoltert werden, weiß auch Alexejewa. Und doch glaubt sie felsenfest daran, dass selbst unter Präsident Putin Fortschritte im Kampf für Menschenrechte möglich sind. So sei vor nicht langer Zeit gegen den Widerstand der Justiz- und Strafvollzugsbeamten in Russland eine sogenannte Aufsichtskommission für die Einhaltung der Grundrechte in Gefängnissen gegründet worden, die auch mit Menschenrechtlern besetzt sei. Obwohl die Behörden diese Kommission immer wieder an ihrer Arbeit hinderten, sei das ein geradezu revolutionärer Schritt, den Aktivisten in Russland seit den 1990er-Jahren gefordert hätten, betont Alexejewa.

Unter Präsident Putin werde Russland aber nicht mehr zu einer echten Demokratie werden, meint sie. »Ich verstehe unsere Machthaber nicht. Sie sägen den Ast ab, auf dem sie sitzen. Zerstören die Wirtschaft und das Geschäftsklima im Land. Ich weiß nicht, warum sie das tun. Aber wenn es so weitergeht, ist diese Obrigkeit bald am Ende und es folgt eine andere. Hoffentlich geschieht das ohne Blutvergießen.« Sie wünsche sich einen politischen Wandel durch Evolution und nicht durch Revolution, betont die Menschenrechtlerin. Was Revolutionen in Russland anrichteten, wisse sie als Historikerin nur zu gut. Jedenfalls lasse die Begeisterung unter den Russen für Präsident Putin allmählich nach, ist Alexejewa überzeugt. »Nach der Euphorie wegen der Krim-Annexion kommt langsam die Ernüchterung. Die Propaganda, die sich aus dem staatlich gelenkten Fernsehen auf die Menschen ergießt, wirkt nicht ewig.«

»Ich selbst werde es kaum mehr erleben, dass Russland ein freier, demokratischer Staat wird«, meint Alexejewa lächelnd. 50 Jahre lang sei sie schon als Menschenrechtlerin aktiv und wer weiß, vielleicht dauere es weitere 40 Jahre, bis es so weit sei. »Aber eines steht fest«, meint sie mit blitzenden Augen: »Russland wird Mitglied der europäischen Völkerfamilie und ein demokratischer Rechtsstaat werden. Ganz sicher!« Sowohl die christlichen Wurzeln des Landes wie auch seine Kultur und selbst die Geografie würden nichts anderes zulassen. Russland sei ein zutiefst europäisches Land, auch wenn seine Fläche bis in den Fernen Osten reiche.

Was sie sich für Russland wünsche, frage ich die Menschenrechtlerin am Ende unseres Gesprächs. »Dass Russland keine Kriege mehr führt und dass keine Menschen mehr deswegen sterben«, antwortet sie. »Kein Krieg mehr in Syrien und in der Ukraine. Haben wir etwa zu wenig Land? Wir könnten sogar noch etwas abgeben …«

Wenige Monate nach unserem Gespräch flammt in Russland eine neue Protestwelle auf, die vor allem von jungen Menschen getragen wird. Zehntausende junge Russen, darunter viele Schüler, gehen in zig Städten im ganzen Land auf die Straße, um gegen die Korruption an der Staatsspitze und gegen Polizeiwillkür zu demonstrieren. Aufgerufen zu den Protestaktionen hat der Oppositionelle Alexej Nawalny, der sich den Kampf gegen Korruption auf die Fahnen geheftet hat und Präsident Putin bei den nächsten Präsidentschaftswahlen herausfordern will. Bei den Kundgebungen, die von den Behörden meistens nicht bewilligt wurden, sind Hunderte friedliche Demonstranten, darunter viele Minderjährige, festgenommen worden. Viele haben sich davon nicht abschrecken lassen und haben danach erneut an Anti-Korruptions-Protesten teilgenommen. Und dies, obwohl einige der Verhafteten inzwischen wegen angeblicher Gewalt gegen die Polizei zu Haftstrafen verurteilt wurden. Die Behörden wollen offensichtlich abschreckende Exempel statuieren. Ljudmila Alexejewa jedoch stimmt die Unerschrockenheit der jungen Demonstranten optimistisch, was die Zukunft Russlands angehe, wie sie in einem Interview mit einem Moskauer Radiosender sagt. Für Russland seien diese Demonstrationen der richtige Weg. Die Jugend sehne sich nach Freiheit.

>**»Eine solche Konzentration an Ungerechtigkeit, Unglück und Lüge, wie es sie in Russland gibt, ist ohne Ironie und Selbstironie nicht zu ertragen.«**

Wassilij Slonow, Künstler, Krasnojarsk, Sibirien

»Willkommen in Sibirien«, ruft Wassilij Slonow und stapft uns vor seinem Atelier am Stadtrand von Krasnojarsk durch den knietiefen Schnee entgegen. Sein langer Bart ist weißgefroren und er trägt eine Uschanka, die warme russische Wintermütze mit Ohrenklappen. In einer Hand schwenkt er eine Axt. »Soll ich im Waldstück da drüben ein wenig Holz hacken? So etwas Archaisches mitten im klirrenden russischen Winter, das kommt doch sicher ganz gut im Fernsehen«, grinst der Künstler, und erst beim näheren Hinsehen erkenne ich, dass auf der Schneide der Axt das Porträt von Präsident Putin eingraviert ist.

Das Werkzeug ist eine künstlerische Arbeit Slonows. Es ist Ende Januar 2014, in Kürze werden, mehrere tausend Kilometer von hier entfernt, in der subtropischen Schwarzmeerstadt Sotschi die Olympischen Winterspiele eröffnet. Putins persönliches Lieblings- und Prestigeprojekt, mit dem der begeisterte Sportler Russland auf der internationalen Bühne als modern, innovativ und jede Herausforderung meisternd präsentieren möchte. Mit den ersten olympischen Winterspielen Russlands setzt sich auch Wassilij Slonow künstlerisch auseinander, auf die ihm eigene, ironische Weise. Er führt uns durch sein Atelier und zeigt uns seine jüngsten Arbeiten:

»Welcome! Sotschi 2014« heißt das Projekt, eine fiktive satirische Werbekampagne für den sportlichen Großanlass, ein ironischer Kontrapunkt zur offiziellen, staatlich gesteuerten PR-Kampagne im Vorfeld der Spiele. Auf knallbunten Gemälden, die wirken wie Werbeplakate, verbindet Slonow typisch russische Symbole und Klischees mit der olympischen Symbolik. Dies mit beißendem Humor, bei dem einem das Lachen zuweilen im Hals stecken bleibt. So sind auf einem Bild die fünf olympischen Ringe aus Stacheldraht gefertigt, auf einem anderen sehen sie aus wie die Schlingen eines Galgens. Eine Matrjoschka, die traditionelle russische Steckpuppe mit pausbäckigem Gesicht, ist bei näherem Hinsehen eine Granate. Auf den drei Stufen eines Podests stehen nicht Sieger eines Wettbewerbs, sondern eine Wodkaflasche und zwei jener gerippten Trinkgläser, wie sie seit Sowjetzeiten berühmt und beliebt sind. Auf einem anderen »Werbeplakat« droht ein überdimensionaler, zähnefletschender Bär mit seiner Tatze ein eiskunstlaufendes Paar zu zerquetschen. Ein Wegweiser mit mehreren Pfeilen in unterschiedliche Richtungen weist nicht nach Sotschi, sondern in den Gulag, nach Tschernobyl und zur Lubjanka, Sitz des russischen Inlandsgeheimdiensts.

»Meine Arbeiten sollen das Geheimnis Russlands zeigen, so wie es in unserem Land, aber auch im Ausland gesehen wird. Daher verwende ich russische Symbole und Klischees, die allen bekannt sind«, erklärt Wassilij Slonow. »Russlands typischstes Charaktermerkmal ist seine Unvorhersehbarkeit. Wir sitzen alle auf einem Pulverfass, man weiß nie, was am nächsten Tag passiert. Das war schon immer so, während der ganzen langen Geschichte des Landes. Ich möchte, dass auch meine Kunst so unvorhersehbar und überraschend ist. Dass man auch bei ihr nie weiß, was als nächstes kommt.«

Unerwartet heftig ist wohl auch die Reaktion der russischen Politiker und Kulturbeamten auf die satirische »Werbekampagne« des sibirischen Künstlers. Eine Ausstellung der Werke in Perm im Uralgebiet ist von den Behörden kurzerhand geschlossen und der Museumsdirektor, der bekannte russische Galerist Marat Gelman, gefeuert worden. Zuvor hatten kremlnahe politische Größen die Ausstellung für skandalös befunden, als sie anlässlich der Reise der olympischen Fackel durch Russland in Perm Halt machten. Gegen Wassilij Slonow leiteten die russischen Justizbehörden Ermittlungen wegen des Vorwurfs des Extremismus ein. »Wenn die politische Führung auf Satire beleidigt reagiert, dann bedeutet das, dass etwas nicht ganz sauber abläuft«, meint dazu Slonow. »Dass sie Schuldgefühle hat und etwas verbergen will.«

Tatsächlich stoßen die ersten Olympischen Winterspiele Russlands nicht nur auf Zustimmung im Land. So wurden Tausende Hausbesitzer zwangsenteignet, um Platz für die olympischen Objekte zu schaffen. Nicht alle wurden dafür entsprechend entschädigt. Umweltschützer, die es wagten, das Hochziehen von olympischen Bauten mitten in Naturschutzgebieten zu kritisieren, wurden kurz vor Beginn der Spiele kurzerhand verhaftet. Gleichzeitig wurde für die Dauer der Spiele ein allgemeines Demonstrationsverbot auf und rund um die Spielstätten verhängt. Auf scharfe internationale Kritik stieß vor den Spielen auch die Diskriminierung von gesellschaftlichen Minderheiten in Russland, etwa Homosexuellen, insbesondere ein umstrittenes neues Gesetz, das positive Äußerungen über Homosexualität in der Öffentlichkeit verbietet.

Auch dieses Thema verarbeitet Wassilij Slonow satirisch in seiner fiktiven olympischen Werbekampagne. Noch haben die russischen Behörden auf diesen jüngsten künstlerischen Seitenhieb nicht reagiert. Wassilij Slonow ist jedenfalls auf alles gefasst: »Ich bin mir bewusst, dass jedes Interview mein letztes sein kann.« Er werde sich aber nicht einschüchtern lassen, sondern weiterhin das tun, was ein Künstler in seinen Augen tun müsse, meint er energisch: die Realität abbilden. Für die Zukunft Russlands erwartet der Künstler in diesen Januartagen des Jahres 2014 nichts Gutes. Es stünden gewaltsame Ereignisse bevor, prophezeit er, als wir uns verabschieden und er uns in die klirrende Kälte hinausbegleitet: »Es brodelt im Land wie in einem Kochtopf, der bald explodiert.«

Drei Jahre später, im Frühling 2017, treffe ich Wassilij Slonow wieder in seinem Krasnojarsker Künstleratelier. »Das ist eine neue Strömung der zeitgenössischen Kunst: Chem-Punk!«, meint der Künstler fröhlich und zeigt auf zwei überlebensgroße Figuren in einer Ecke des Raums. »Ich habe diese Kunstrichtung vor Kurzem erschaffen, sie zeigt die wunderbaren existenziellen Krämpfe moderner Großstädte und die vor-apokalyptischen planetaren roten Wangen!« Während ich noch überlege, was der Künstler damit genau meint, erklärt er mir die Bedeutung der beiden schwarzen Figuren. Sie stellen die bekannten russischen Märchencharaktere Väterchen Frost und seine Enkelin und Helferin Schneeflöckchen dar. Allerdings sind sie nicht als solche wiederzuerkennen: Sie tragen schwarze Ganzkörperanzüge und Gasmasken. Schneeflöckchen ist offenbar schwanger und trägt eine durchsichtige Glaskugel am Bauch, in der ein Baby liegt, das ebenfalls eine Gasmaske trägt. Die Kopfbedeckung von Schneeflöckchen ist dem traditionellen russischen Kopfschmuck für Frauen nachempfunden, allerdings aus schwarzem, autoreifenähnlichem Gummi gefertigt und nicht, wie üblich, aus bunt besticktem Stoff. Mit der Kunstrichtung »Chem-Punk« wolle er die Ästhetik von Atomreaktoren und Chemiefabriken besingen, erklärt Wassilij Slonow grinsend. Ernster Hintergrund der ironischen Arbeiten seien unter anderem die Umwelt- und Luftverschmutzung in Krasnojarsk durch das Heizen mit Kohle minderwertiger Qualität und die Abgase eines nahen Aluminiumwerks, fügt der Künstler hinzu.

Im Moment arbeite er aber an einem völlig anderen Thema, sagt Wassilij Slonow. Nämlich dem Jubiläumsjahr der Russischen Revolution 1917, die vor genau 100 Jahren der Herrschaft der Zaren ein Ende setzte und den Grundstein für die spätere Gründung der Sowjetunion durch Lenin legte. »Das T-Shirt, das ich trage, gehört zu meinen neuesten Arbeiten zum Thema Revolution: Es heißt »Lenin im Sarg!«. Slonow zeigt auf seine Brust, auf der ein Bild des mumifizierten Lenin im Mausoleum prangt. »Das ist Super-Realismus. Kann ja auch kaum jemand bestreiten«, lacht der Künstler: »Die Kommunisten wissen nur noch nicht, ob sie es als Beleidigung auffassen sollen oder nicht. Aber es ist nun einmal eine Tatsache, dass Lenin im Sarg liegt.« Er wolle eine ganze Serie von T-Shirts drucken, die sämtliche Staatsführer seit Gründung der Sowjetunion im Sarg zeigten: »Stalin, Chruschtschow, Breschnew und alle anderen! Und auch Putin. Der schläft allerdings nur«, fügt Slonow hinzu. Die T-Shirts mit den Staatsführern im Sarg sollten den Menschen in Erinnerung rufen, dass alle endlich seien. Und sie deshalb versuchen sollten, ein möglichst ehrliches Leben zu führen, so der Künstler. Eine ähnliche Serie von Kunstwerken gestaltet Slonow auch mit Äxten, auf deren Schneiden die Porträts aller Staatsführer seit der Revolution abgebildet sind, bis zum heutigen Präsidenten Putin. »Die Axt ist ein Symbol für Macht«, erklärt Slonow. »Eine Macht, die etwas schafft und gleichzeitig bestraft. In der Geschichte Russlands war es immer so, dass die Macht im Land gleichzeitig schöpferisch und zerstörerisch war.«

Die Russische Revolution sei ein bedeutendes Ereignis gewesen, das die ganze Welt verändert und beeinflusst habe, meint der Künstler. »Wobei ich nicht weiß, ob gut oder schlecht. Wahrscheinlich beides.« Den Zweiten Weltkrieg hätte es ohne diese Revolution jedenfalls nicht gegeben, ist Slonow überzeugt. »Es war ein furchtbares Experiment, das die Russen an sich selbst durchgeführt haben. Man hätte sich nichts Schlimmeres und Schrecklicheres ausdenken können. Es ist wohl kein Zufall, dass diese Idee ausgerechnet in Russland ausprobiert werden musste«, sinniert er: »Die Menschen haben nach einem Paradies auf Erden gesucht, nach sozialer Gerechtigkeit. Und diese Suche haben mehr als hundert Millionen Menschen mit ihrem Leben bezahlt. Zuerst im Bürgerkrieg nach der Revolution, dann durch die Entkulakisierung, den Gulag, die politischen Repressionen und den Zweiten Weltkrieg.« Das Traurigste neben den vielen Millionen Opfern sei aber, dass das Bewusstsein der Menschen traumatisiert worden sei. Der Begriff des »Sowjetmenschen« sei nicht zufällig entstanden. »Das Bewusstsein der Menschen wurde gewissermaßen in Ketten und Fesseln gelegt. Alles wurde ausgerissen, was vorher da war, auch die Kultur. Das Land wurde völlig abgeschottet.« Es gebe im Russischen keinen Begriff, der den Schrecken dieser Zeit beschreiben könne, meint Slonow. Und doch komme er als zeitgenössischer Künstler nicht daran vorbei, sich diesem Thema zu widmen: »Würde ich es nicht tun, wäre ich kein Künstler. Und es würde bedeuten, dass ich auf meine Heimat pfeife.«

Was ihm bei der künstlerischen Erinnerung an die Revolution besonders wichtig sei, frage ich Slonow. »Dass die Revolution mit ihren Thesen und neuen Normativen nur eine Utopie war. Was kluge Menschen schon von Anfang an sagten«, antwortet er: »Diese Utopie hat siebzig Jahre lang gedauert. Und natürlich konnte sie gar nicht anders enden als mit der Rückkehr zum normalen Leben. Für Russland sind diese Rückkehr und das Erbe der Utopie aber so unglaublich schmerzhaft. Man tut sich schwer, sich davon zu lösen, und viele Menschen verherrlichen diese Utopie bis heute und wollen sie zurückhaben. Diese Absurdität möchte ich mit meinen Arbeiten ausdrücken. Mit diesen Eislaufschuhen zum Beispiel.« Slonow holt zwei Schlittschuhe von einem Tisch in einer Ecke des Ateliers. Die Kufen haben die Form eines Hammers und einer Sichel und der eigentliche Schuh ist aus Bast gewoben, ganz so wie die traditionelle Fußbekleidung im alten Russland. Auch am Jubiläum der Revolution wolle er sich mit der für ihn typischen Ironie abarbeiten, sagt Wassilij Slonow. Indem er archaische Elemente mit neuer Technologie verbinde und versuche, eine Art Märchen zu erzählen: »Man sagt doch in der Psychologie, dass man traumatische Ereignisse mit Ironie, mit einem leichtfüßigen Zugang, leichter überwinden kann. Ich möchte, dass mich die Revolution und ihre Folgen nicht in nächtlichen Alpträumen heimsuchen, sondern eine ganz gewöhnliche Anekdote werden. Ohne jemanden damit beleidigen zu wollen, natürlich.«

Warum in seiner künstlerischen Arbeit die Ironie ein so allgegenwärtiges Element sei, frage ich Wassilij Slonow. Ob es die fiktive Werbekampagne für die Olympischen Spiele in Sotschi war oder die aktuellen Arbeiten zum Jubiläumsjahr der Russischen Revolution, stets scheint der Künstler sein Land mit all seinen Klischees und Symbolen auf den Arm nehmen zu wollen. Selbstironie sei wohl einer der besten menschlichen Charakterzüge, antwortet der Künstler: »Wenn wir von der unergründlichen und vielbeschworenen russischen Seele oder einem nationalen Code in Russland sprechen, dann haben hier im Laufe der Zeit wohl nur Menschen überlebt, die ironisch und selbstironisch waren.« Wer die russische Realität völlig ernst nehme, gehe daran augenblicklich zugrunde, er verglühe gleichermaßen: »Das meine ich nicht im Scherz. Eine solche Konzentration an Ungerechtigkeit, Unglück und Lüge, wie es sie in Russland gibt, ist ohne Ironie und Selbstironie nicht zu ertragen. Daher habe ich diese Ironie in mir.«

Er folge in all seinen Arbeiten seiner ganz eigenen künstlerischen Strategie, betont Wassilij Slonow: »Ich besinge gleichzeitig die Größe und den Schrecken des Imperiums.« Sogar in totalitären Regimen seien stets Narren geduldet worden, die die Wahrheit hätten sagen dürfen, ohne dafür hingerichtet zu werden. »Natürlich will ich nicht, dass man mir den Kopf abschneidet«, lacht Slonow. »Aber ich will mich frei ausdrücken können und niemandem in den Hintern kriechen müssen. Und das mache ich. Kunst ist die letzte noch verbliebene Freiheit in Russland. In der Kunst ist alles möglich. Diese letzte Freiheit hier ist für mich wie eine Sauerstoffflasche.«

Aber so frei kann die Kunst doch nicht sein, wenn wegen der satirischen Werbekampagne für Sotschi Ermittlungen wegen Extremismus gegen ihn eingeleitet wurden, werfe ich ein. Immerhin stehe darauf eine jahrelange Gefängnisstrafe. Oder wenn Direktoren von Museen oder Theatern entlassen werden, weil ihre Ausstellungen oder Inszenierungen von Staat und Kirche nicht gutgeheißen werden. Natürlich sei das skandalös und eine Schande für Russland, betont Slonow: »Aber trotzdem. Selbst wenn man mich ins Gefängnis wirft, kann mir niemand verbieten, schöpferisch tätig zu sein und das zu schaffen, was ich möchte. Genauso, wie niemand einem Musiker oder Poeten verbieten kann, eine Melodie oder ein Gedicht zu schaffen. Deshalb sind Künstler die einzig noch verbliebenen freien Menschen hier.«

Die Ermittlungen der russischen Justizbehörden nach dem Skandal um seine Ausstellung der Sotschi-Kampagne in Perm seien übrigens im Sand verlaufen, erzählt Slonow mit

Genugtuung: »Zuerst haben sie mir Extremismus vorgeworfen. Dann haben sie gemerkt, dass das völlig sinnlos ist und haben es mit anderen Strafparagrafen versucht. Auch das hat nicht funktioniert, denn ich habe mit meinen künstlerischen Arbeiten schlichtweg keine Gesetze verletzt. Nach ein paar Monaten wurden die Ermittlungen eingestellt.« Danach hätten die Behörden allerdings versucht, kompromittierendes Material gegen ihn zu sammeln, um seinen Ruf zu ruinieren. Auch das sei nicht gelungen: »Es gibt einfach nichts, was man gegen mich in der Hand haben könnte. Ich handle nicht mit Drogen, nehme auch keine und führe ein ganz normales Leben mit Frau und Kindern. Ich arbeite allein und habe weder mit Künstlervereinigungen noch mit dem Staat etwas zu schaffen. Ich bin aus Teflon, an mir prallen alle Versuche, mich zu beschmieren, ab«, lacht Slonow.

Doch ohne Konsequenzen bleibt seine künstlerische Strategie, die russische Realität ironisch zu dokumentieren, nicht. Die Werke von Wassilij Slonow werden seit dem Skandal um die satirische Sotschi-Werbekampagne in seiner Heimat kaum mehr gezeigt. Auch die Arbeiten, die er derzeit zum Jubiläumsjahr der Russischen Revolution gestaltet, werden in Paris und London ausgestellt werden, nicht aber in Russland, wo sich diese historischen Ereignisse zugetragen haben. »Ach was, das bin ich gewohnt«, meint der Künstler gleichmütig. »Die Ausstellung mit den Sotschi-Bildern war schon meine fünfte, die von den Behörden geschlossen wurde. Und zwar stets ohne Begründung. In Russland hält es niemand für nötig, Entscheidungen zu erklären oder zu begründen.«

Seine kürzeste Ausstellung habe ganze 15 Minuten gedauert, das sei sein bisheriger Rekord, erzählt Slonow und grinst. »Dabei war es sogar eine Einladung des Kulturministeriums in Krasnojarsk.« Ein befreundeter Künstler und er seien gebeten worden, in der Halle und den Korridoren des

Ministeriums mit humorvollen Kunstwerken für gute Stimmung zu sorgen. »Als wir die Arbeiten aufgehängt haben, kam zufällig einer der Chefs vorbei und hat entsetzt geschrien, was das solle. Und dass die Bilder sofort verschwinden müssten. Nach nur 15 Minuten waren die Werke also wieder abgehängt.« Slonow zieht ein Bild aus einer Schublade im Atelier. Darauf ist vor dem Hintergrund eines Birkenwalds – ein in der russischen Malerei sehr beliebtes Motiv – ein nacktes Mädchen zu sehen, das inmitten von leeren Flaschen liegt und sich auszuruhen scheint. »Das war eines der Bilder der Ausstellung im Ministerium. Es hat ihnen nicht gefallen, obwohl nichts Skandalöses abgebildet ist«, lacht Slonow: »Der Birkenwald wäre wohl durchgegangen, der Mädchenakt mit den leeren Flaschen aber nicht.«

Wie erkläre er sich, dass die russischen Kulturbehörden seine Ausstellungen geschlossen hätten und inzwischen seine Werke so gut wie gar nicht mehr zeigen wollten, frage ich den Künstler. »Ich glaube, der Grund liegt in der Psychologie der russischen Beamten. Sie haben alle panische Angst vor dem Unvorhersehbaren. Dass etwas passieren könnte, das sie ihr Amt oder die Karriere kostet. Daher wollen sie mit mir lieber erst gar nichts zu tun haben. Und Mutige gibt es nur sehr wenige hier.« Nachvollziehen könne er diese Angst der politischen Führung vor Satire nicht, betont Slonow, denn dies mache sie ja erst recht vor den Menschen unglaubwürdig: »Unsere Obrigkeit präsentiert sich immer als fehlerlos und großartig. Dabei glaubt das doch keiner, denn es ist nicht die Wahrheit.« Besser wäre es, Satire zuzulassen und damit einzugestehen, dass auch die politische Führung fehlbar sei und daran arbeite, diese Fehler auszumerzen. »Ich sage das den Kulturbeamten immer wieder. Dass ihnen Satire sogar politisch nützlich wäre. Aber es hilft nichts, sie wollen nichts davon hören. So ist wohl unsere russische Mentalität und unser Sklaven-Bewusstsein.« Dabei wolle er mit seiner Kunst niemanden anklagen oder beschuldigen, betont Wassilij Slonow. Ein Künstler sei in seinen Augen kein Staatsanwalt, der öffentlich verurteile oder mit dem Megafon Menschen auf die Barrikaden rufe. Aber als zeitgenössischer Künstler wolle er die Realität abbilden.

Ob er sich als politischer Künstler sehe, frage ich Slonow.»Das werde ich oft gefragt. Nein, ich bin kein politischer Künstler«, antwortet er.»Aber wenn ich als zeitgenössischer Künstler auf die Welt und die Realität um mich herum reagieren will, dann ist natürlich immer auch ein Teil Politik dabei. Es geht nicht anders, denn Politik ist überall präsent, sie ist die Farbe der Gegenwart. Das ist in den Kunstwerken natürlich sichtbar, ganz egal, ob ich nun ein politischer Künstler sein möchte oder nicht.«

In seiner Heimat wird Wassilij Slonow, der in seinen Werken typisch russische Symbole entweder profaniert oder sakralisiert, oft als russophob und als Vaterlandsverräter kritisiert.»Manche Kritiker werfen mir vor, ich würde nur mit russischen Klischees arbeiten, aber nicht zum Beispiel mit ukrainischen. Damit würde ich meine Heimat verraten«, schüttelt Slonow den Kopf.»Dabei kann ich doch nur mit Symbolen arbeiten, die ich kenne, die zu meinem nationalen kulturellen Code gehören. Mit ukrainischen Klischees müssen sich ukrainische Künstler auseinandersetzen.«

Hat Wassilij Slonow nicht Angst, dass der politische Druck auf ihn größer werden könnte? Dass erneut wegen seiner künstlerischen Arbeiten strafrechtliche Ermittlungen aufgenommen werden, die, anders als das erste Mal, mit einer Gefängnisstrafe enden könnten? Ich erinnere den Künstler an seine Aussage während unseres ersten Treffens, als er meinte, jedes Interview könnte sein letztes sein.»Daran hat sich nichts geändert«, antwortet Slonow.»Das ist noch heute so. Immerhin werden hier ja oft auch Unschuldige verhaftet. Ich bin mir bewusst, dass ich unter besonderer Beobachtung stehe. Ich gehöre zu jenen als ›gefährlich‹ geltenden Elementen, die sofort entfernt bzw. deren Freiheit eingeschränkt würde, wenn es zum Beispiel in Russland Proteste wie auf dem Maidan gäbe.« Aber so sei eben das Leben in Russland, es sei nicht voraussehbar und planbar. Angst habe er deswegen aber nicht, betont er. Angst müsse man doch nur vor der Unwahrheit haben, vor einem schlechten Gewissen.

Hat Slonow jemals daran gedacht, seine Heimat zu verlassen, wie manch anderer seiner regimekritischen Künstlerkollegen? »Nein, Emigration kommt für mich nicht in Frage. Außer als allerletzter Ausweg, wenn meiner Familie oder mir Lebensgefahr droht. Aber nur dann«, antwortet er bestimmt. Im Exil würde seine künstlerische Arbeit wohl langweilig und vorhersehbar werden, meint er. »Ich bin hier in Sibirien aufgewachsen, ich will mich weiterhin im hiesigen Saft befinden, von dem ich mich mein Leben lang ernährt habe. Mir gefällt es hier. Ich liebe mein Land, trotz all seines Schreckens.«

Wobei Wassilij Slonow den derzeitigen Zustand der russischen Gesellschaft sehr kritisch beurteilt: »Es ist eine Gesellschaft zutiefst unglücklicher Menschen, das fühle ich mit allen Fasern meiner Seele. Unfreiheit macht die Menschen unglücklich.« Die Umfragen, laut denen sich die Russen als glücklich bezeichnen würden, zeugten von nichts anderem als einer scheinheiligen Pose, ist er überzeugt: »Wie kann jemand sagen, dass er glücklich ist, wenn seine Frau und seine Kinder vor Unglück weinen? Das ist doch alles eine Lüge!« Wobei der Künstler nicht nur die politische Führung dafür verantwortlich macht. Was das Verhältnis der Obrigkeit zum russischen Volk angehe, so habe dieses angesichts seines aktuellen geistigen und kulturellen Zustands jene politische

Führung bekommen, die es verdient: »Russland ist kein Land, in dem das Volk aus heiligen Menschen besteht und die Regierenden aus Teufeln und Dämonen. Im Gegenteil. Im Verhältnis zum heutigen Volk wirkt die Obrigkeit sogar ziemlich normal.« Grund sei wohl ein Gen der Feigheit oder des Unglücklichseins, das den Russen innewohne, meint Wassilij Slonow: »Ich bin sehr kritisch, ich weiß. Aber immerhin geht es um mein Volk und mein Land!« Allerdings gebe es eine ganz besondere Eigenschaft der russischen Seele, fügt der Künstler hinzu: »Wenn die Menschen so tief fallen, dass es nicht mehr tiefer geht, wenn sie werden wie Vieh, dann kehren sie aus dieser Lage engelsgleich und wie ein Phönix aus der Asche zurück!« Aber vorher müssten die Russen durch großes Leid und Elend gehen, das sei in der Geschichte stets so gewesen.

Und wie schon bei unserem ersten Treffen vor drei Jahren sagt Slonow seinem Land gewaltsame Erschütterungen voraus: »Ich lebe nicht einsam und abgeschieden, sondern habe viel mit Menschen unterschiedlichster Schichten und Berufe zu tun. Es brodelt in der Gesellschaft und es wird irgendwann explodieren. Wann, weiß ich nicht. Aber es wird eine große Katastrophe sein.« Erste bedrohliche Anzeichen ortet Slonow in den Beliebtheitswerten der russisch-orthodoxen Kirche, die seiner Meinung nach zuletzt stark gesunken seien: »Die Kirche war bei den Menschen überhaupt noch nie so unbeliebt wie jetzt. Bald werden die Russen Pfarrer aufspießen und in Brunnen werfen, wenn das so weitergeht.« Schuld daran sei die ungesunde, enge Verbindung zwischen dem russischen Staat und der Kirche. Unter Präsident Putin habe der Staat die Kirche zu einem politischen Instrument gemacht und dadurch vergiftet, meint Slonow. Er schließt allerdings auch nicht aus, dass Russland auch eine unblutige Erschütterung bevorstehen könnte: »Vielleicht übernehmen einfach die benachbarten Chinesen Sibirien. Das passiert ja jetzt schon ganz allmählich. Immer mehr kommen über die Grenze zu uns. Früher oder später werden meine Kinder nicht mehr Moskau als ihre Hauptstadt bezeichnen, sondern Peking. Gut möglich, dass das ohne Blut und Krieg geschieht. Aber es wird sich massiv auf die russische Mentalität auswirken.«

Mit der Zukunft seiner Heimat setzt sich Wassilij Slonow auch in einer neuen Reihe von künstlerischen Arbeiten auseinander. Sie zeigen seine – wiederum ironische – Vision des russischen Kulturlebens in 50 Jahren. Slonow zeigt mir ein Bild, das im Stil einer russischen Ikone gemalt ist. Darauf sind in grell-oranger Farbe eine Theaterbühne und eine von einem Flammenmeer umgebene Menschenmenge dargestellt. »Zukunftsprognosen sind schwierig. Aber hier zeige ich, dass in Zukunft in den russischen Theatern Aufführungen über die Hölle gezeigt werden können«, lacht Slonow. In weiteren Arbeiten dieser Serie werde er malen, wie der russische staatliche Energiekonzern Gazprom Gasleitungen in die Hölle verlege, um das Feuer nicht ausgehen zu lassen. Und dass die staatliche Sberbank Filialen in der Hölle eröffne, damit die Oligarchen ihr Geld dorthin überweisen und nicht auf Offshore-Konten. »Ich will zeigen, dass die Grenzen zwischen unserem Leben und der Hölle zerfließen. Das ist natürlich Fantasie. Es ist einfach mein ironischer Zugang.« Er sei durch und durch Pessimist, räumt Wassilij Slonow schmunzelnd ein: »Aber ein fröhlicher.«

»Russland ist anders. Hier hat es immer die Peitsche gegeben und das wird weiterhin so sein.«

Margarita Siangirowa, Journalistin, Omsk, Sibirien

Wenn man durch Omsk schlendert, wirkt die Stadt fast ein wenig verschlafen, obwohl sie mehr als eine Million Einwohner zählt. Malerisch am Zusammenfluss der beiden Flüsse Irtysch und Om gelegen, hat Omsk in seiner Geschichte turbulente Zeiten erlebt. Im 19. Jahrhundert etwa, als Dissidenten wie der berühmte Schriftsteller Fjodor Dostojewski hierher verbannt wurden. Genauso wie die Dekabristen, Offiziere der russischen Armee, die gegen das autokratische Zaren-Regime protestierten. Oder im 20. Jahrhundert während des Bürgerkriegs, der auf die Oktoberrevolution 1917 folgte. Damals war Omsk Zentrum einer antikommunistischen Bewegung und vorübergehend sogar Residenz einer Militärregierung, die sich der Roten Armee widersetzte. »Hauptstadt des Weißen Russlands« wird sie daher oft genannt. Doch heute schreibt die sibirische Stadt nur mehr selten Schlagzeilen. Schon gar nicht solche, die in der fernen Hauptstadt Moskau für Aufmerksamkeit sorgen würden, geschweige denn im Ausland.

Doch im Juli 2016 ist alles anders. Ein handfester Theaterskandal erschüttert die sommerliche Idylle in Omsk, das sich gerade für die bevorstehenden, großangelegten Feierlichkeiten zum 300. Stadtgeburtstag rüstet. Im Rahmen dieses Jubiläums, das mit zahlreichen kulturellen Veranstaltungen begangen wird, ist auch die Aufführung eines Theaterstücks mit österreichischer Beteiligung geplant. Im städtischen Lyzee-Theater soll der weltberühmte »Reigen« von Arthur Schnitzler gezeigt werden. Die Inszenierung stammt vom polnisch-österreichischen Regisseur Piotr Szalsza, finanziell unterstützt wird die Produktion vom österreichischen Kulturforum in Moskau und von österreichischen Sponsoren. Im Lokalfernsehen laufen bereits die Trailer, um für die bevorstehende Premiere zu werben. Doch dann wird diese plötzlich und völlig überraschend auf unbestimmte Zeit verschoben. Wegen der Verletzung eines der Schauspieler, lässt die Direktion des Lyzee-Theaters wissen. Doch das ist nur ein Vorwand. Wahrer Hintergrund der Premieren-Absage ist der Protest von Vater Dmitri, ein Geistlicher aus der Omsker Diözese der russisch-orthodoxen Kirche. Im Interview mit dem ORF erklärt er freimütig, dass er den »Reigen« von Arthur Schnitzler zwar nicht kenne und auch die Inszenierung in Omsk nicht gesehen habe, weil sie ja noch nicht gezeigt worden sei. Trotzdem halte er das Stück für »unsittlich«. Denn es handle von der freien Liebe und vom Partnerwechsel, was schon vor 100 Jahren, zur Zeit Schnitzlers, als provokant gegolten habe. Zudem sei das Stück äußerst unpassend für ein Lyzee-Theater, an dem es auch eine Kindergruppe gebe und in dem viele junge Menschen aus- und eingehen würden. Diese Einwände habe er in einem Brief an das Theater geäußert, erzählt Vater Dmitri. Und darum gebeten, dass man die Premiere verschiebe, weil am geplanten Datum der Ehrentag der Familie und Treue gefeiert werde. Nein, das sei keine Einmischung der Kirche in kulturelle Angelegenheiten, weist Vater Dmitri meinen Einwurf zurück. Er habe nur als Geistlicher seinen privaten Standpunkt geäußert. Aber er sei trotzdem froh, dass in der modernen Gesellschaft auf solche Einwände reagiert werde, fügt er zufrieden hinzu.

Ob Einmischung oder einfache Meinungsäußerung, im sibirischen Omsk scheint sich das Schicksal des Schnitzler-Stücks 100 Jahre nach seiner Uraufführung zu wiederholen. 1920 löste der »Reigen«, in dem Schnitzler in mehreren erotischen Dialogen ein Bild der Moral in der Gesellschaft um die Jahrhundertwende zeichnet, in Berlin und Wien einen regelrechten Theaterskandal aus. Nachdem es sogar zu einem Gerichtsprozess um das Stück kam, verhängte Schnitzler ein Aufführungsverbot, das bis Anfang der 1980er-Jahre in Kraft war. Heute zählt der »Reigen« aber längst zur Weltliteratur und ist im Repertoire zahlloser Theater zu finden.

Doch das hält den Kulturamtsleiter der Stadt Omsk nicht davon ab, laut darüber nachzudenken, das Stück nicht nur zu verschieben, sondern überhaupt abzusetzen. Noch bevor es erstmals gezeigt wird. »Wir wollen ja keinen zweiten Tannhäuser-Skandal«, begründet der Kulturbeamte dies im Omsker Lokalfernsehen. Und meint damit ein Ereignis, das 2015 nicht nur in Sibirien, sondern weit über Russland hinaus die Kulturwelt erschüttert hat. In Nowosibirsk kritisierte damals die orthodoxe Kirche eine Neuinszenierung von Richard Wagners »Tannhäuser« an der staatlichen Oper als gotteslästerlich. Worauf auf Geheiß aus Moskau der verantwortliche Operndirektor, ein international bekannter Intendant und Theaterleiter, entlassen wurde. Die heftigen Proteste russischer und ausländischer Kulturschaffender gegen diese Einmischung von Staat und Kirche in die Kunst stießen in Moskau auf taube Ohren.

Einen Skandal dieses Ausmaßes möchten die Kulturbeamten in Omsk wohl schon im Keim ersticken und das in den Augen der lokalen Geistlichkeit missliebige Stück erst gar nicht auf die Bühne bringen. Doch die plötzliche Premieren-Absage des »Reigen« schlägt hohe Wellen in der Stadt. Die Lokalpresse kennt tagelang kaum ein anderes Thema, weshalb nach und nach auch die russlandweiten Medien im fernen Moskau beginnen, über den Omsker Theaterskandal zu berichten. Zudem bestehen sowohl die österreichische Botschaft in Moskau, die den »Reigen« finanziell unterstützt hat, als auch der Regisseur auf einem neuen Premieren-Termin. Als dann auch noch der ORF mit einem Kamerateam nach Omsk reist, scheint die Angst vor Negativschlagzeilen im Ausland durch die Absage des Stücks dann doch zu groß zu werden. Eilig organisiert das städtische Kulturamt gemeinsam mit dem Lyzee-Theater eine Pressekonferenz. Dort rudert man medienwirksam zurück: Die Aussage des städtischen Kulturamtsleiters, dass der »Reigen« abgesetzt werden solle, sei rein emotional gewesen, sagt sein Stellvertreter. Der betroffene Kulturamtsleiter selbst erschien nicht auf der Pressekonferenz. Man habe sich mit dem »Reigen« auseinandergesetzt, betont sein Stellvertreter und meint, zur ORF-Kamera gerichtet, dass das Stück ja wirklich harte Kost sei. Und jedes Land habe eben seine eigenen moralischen Gesetzmäßigkeiten. Trotzdem solle der »Reigen« aufgeführt werden, irgendwann im Herbst. Das unterstreicht auch der künstlerische Leiter des Lyzee-Theaters, Sergej Timofejew, der den »Reigen« selbst ausgewählt und auch den österreichischen Regisseur nach Omsk eingeladen hat. Es gehe hier weder um Zensur noch um Selbstzensur, beschwichtigt Timofejew im Interview und meint dann doch etwas resignierend: »Es gibt einfach manchmal Umstände, die stärker sind als wir. Wir haben die Reaktion der Gesellschaft auf die Tatsache, dass wir als ein bei Familien populäres Lyzee-Theater ausgerechnet dieses Stück ins Programm nehmen, unterschätzt.« Ein konkreter neuer Termin für die nachzuholende Premiere wird aber allen Beteuerungen zum Trotz vorerst nicht genannt.

»Man kann nur hoffen, dass nicht die bevorstehende Sommerpause dazu genützt wird, das Stück still und leise endgültig zu begraben«, meint Margarita Siangirowa, die ich auf der Pressekonferenz treffe. Sie ist freie Journalistin in Omsk und hat in lokalen Zeitungen bereits zahlreiche Artikel über die Probenarbeiten für den »Reigen« veröffentlicht. Unter anderem auch über die plötzliche Premieren-Absage. Und dabei sehr zum Leidwesen der städtischen Kulturbeamten auch die Intervention der Kirche erwähnt, die Theater und Kulturamt zunächst öffentlich bestritten hatten. Sie fühle sich an längst vergangen geglaubte Sowjetzeiten erinnert, schüttelt die Journalistin den Kopf: »Damals war es die kommunistische Partei, die die moralischen Regeln aufgestellt hat. Jetzt hat die Kirche die Funktion dieses Kontrollorgans übernommen und bestimmt die Ideologie im Land. Und das tut sie ziemlich diktatorisch.« Was für die Politiker, die das Land und das Volk kontrollieren wollten, wiederum ganz praktisch sei, fügt Siangirowa hinzu. Denn diese könnten sich so auf die immer mächtiger werdende russisch-orthodoxe Kirche herausreden.

Seit dem »Tannhäuser«-Skandal in Nowosibirsk habe jeder Kulturbeamte und Theaterdirektor Angst, wegen kritischer Äußerungen der Kirche seinen Job zu verlieren. Dem müsse doch jemand etwas entgegensetzen, meint Siangirowa. In Omsk habe es aber anders als in Nowosibirsk keine Petitionen und öffentlichen Proteste von Kulturschaffenden gegen die Einmischung von Staat und Kirche in Fragen der Kunst gegeben. Daher hätten einige lokale Journalisten, unter anderem auch sie, beschlossen, den Skandal zumindest medial nicht totzuschweigen. Und so dafür zu sorgen, dass er in und über das sibirische Omsk hinaus für Diskussionsstoff sorgt.

Kurz darauf kündigt das Lyzee-Theater dann doch ein neues Premieren-Datum an: im Oktober, drei Monate nach dem ursprünglich geplanten Termin. »Dass das Stück nun trotz allem gezeigt wird, wäre ohne den Sturm der Entrüstung in der Lokalpresse nicht möglich gewesen«, ist Margarita Siangirowa überzeugt. »Weit her ist es mit der Pressefreiheit in Russland nicht«, lacht sie, »aber manchmal können Journalisten doch etwas erreichen.«

Tatsächlich sind aber die Grenzen der journalistischen Freiheit in Russland eng gesteckt. Oft darf nur veröffentlicht werden, was politisch opportun, das heißt, was den Redaktionsleitern oder Inhabern des jeweiligen Mediums genehm ist. Die ihrerseits oft in enger Verbindung mit kremltreuen Regierungspolitikern stehen. Das muss auch Margarita Siangirowa einmal mehr erfahren, als sie anlässlich meiner Reise nach Omsk ein Interview mit mir veröffentlichen will. Eine regierungsnahe Omsker Zeitung ist am Artikel interessiert, zumal es ja recht selten vorkommt, dass ausländische Medienvertreter in Omsk zu Gast sind und über ihre Arbeit in Russland erzählen. Im Interview mit Siangirowa spreche ich über die Tätigkeit als Korrespondentin in Moskau und die Themen, die wir für die österreichischen Hörer und Seher recherchieren. Ob es besonders eindrückliche Momente in meiner bisherigen Arbeit in Russland gegeben habe, will Margarita Siangirowa wissen, solche, die ich nicht wieder vergesse. Ja, erzähle ich: »Der Mord am Oppositionellen Boris Nemzow auf offener Straße, direkt neben dem Kreml. Und meine Reisen auf die russisch annektierte Krim, wo die Menschen völlig unterschiedlich auf die neue Lage reagieren: von tiefster Verzweiflung bis hin zu Freude über die in ihren Augen historische Gerechtigkeit.« Die Redaktion weigert sich, den Artikel zu drucken. »Es kommen die Reizwörter Krim und Nemzow in unserem Gespräch vor, das ist genug«, erklärt dies Margarita Siangirowa verärgert. »Die Zeitungsmacher wollen einfach kein Risiko eingehen. Um es sich ja nicht mit den lokalen Politikern zu verscherzen.«

Die politische Einflussnahme auf die redaktionelle Arbeit ist für Margarita Siangirowa nicht neu. Vor einigen Jahren, als die Journalistin für die Omsker Regionalbeilage einer russlandweiten Wochenzeitung tätig war, hat sie dies besonders schmerzlich erfahren müssen. »Eines Tages haben wir ein Interview mit einem Mann veröffentlicht, der dem damaligen Gouverneur nicht gefallen hat. Dann ging es los. Auf die Zeitung wurde Druck gemacht, unser Redaktionsteam loszuwerden, weil wir ›politisch illoyal‹ seien.« Der beleidigte Gouverneur sei politisch sehr einflussreich gewesen, habe Verbindungen zu Oligarchen und nach Moskau gehabt. »Da sind plötzlich völlig verrückte Dinge passiert«, erinnert sich Siangirowa. »Sie wollten mir sogar unterschieben, dass ich etwas gestohlen hätte. Gerichtsvollzieher sind zu mir nach Hause gekommen. Aber als sie dort nichts außer meinem armseligen Computer gefunden haben, sind sie wieder abgezogen und haben mich in Ruhe gelassen.« Mehrere Jahre lang habe keine Redaktion in Omsk gewagt, sie wieder zu beschäftigen, erzählt Margarita Siangirowa. Erst als ein neuer Gouverneur an die Macht kam, habe sich die Lage geändert und sie wieder als Journalistin zu arbeiten begonnen.

Den Mund verbieten lassen will sie sich in ihrer Arbeit aber trotz der einschlägigen Erfahrungen nicht. Hat sie nicht Angst, vielleicht wieder irgendwann den Job zu verlieren oder sonstigen Schikanen ausgesetzt zu sein? Der Grat zwischen dem, was »erlaubt« ist und was nicht, sei sehr schmal, bestätigt sie. »Wir spüren ihn intuitiv, das ist in unseren Genen. Immerhin waren unsere Eltern noch Sowjetmenschen.« Siangirowa erinnert sich lächelnd: »Als ich noch klein war, haben mich die buschigen Augenbrauen von Staatschef Breschnew sehr beeindruckt. Mein Gott, waren die riesig! Aber wenn ich angefangen habe, davon zu reden, hat meine Großmutter zu meiner Mutter gesagt, sie müsse mir das verbieten. Ansonsten würden wir alle verhaftet.« Sie selbst habe aber keine Bedenken, offen zu reden und zu schreiben, meint Margarita Siangirowa. »Vielleicht, weil ich in einer Zeit aufgewachsen bin, die schon etwas freier war. Zudem kann ich es mir erlauben, weil ich keine Kinder habe. Wäre ich für eine Familie verantwortlich, hätte ich vielleicht auch Angst.« Ein Jobwechsel ist für die leidenschaftliche Journalistin jedenfalls nie in Frage gekommen. Schon als Kind habe sie davon geträumt, als Redakteurin zu arbeiten, erzählt sie. Als 12-Jährige habe sie erfolgreich an einem Schreibwettbewerb teilgenommen, um in die »Schule für junge Redakteure« aufgenommen zu werden, die es damals in Omsk gab.

Warum sie trotz aller Einschränkungen der Pressefreiheit in Russland unbedingt Journalistin sein wolle, möchte ich wissen. »Ich will quasi mit Worten und Schreibstift einen Ausschnitt aus dem Leben zeigen. Ein fotografisches Porträt sozusagen. In irgendein Dorf fahren, eine bestimmte Familie oder einen bestimmten Menschen treffen. Und anhand dieses Beispiels erzählen, was in der Gesellschaft los ist.« Die Geschichten aus dem realen Leben seien doch um vieles reicher als alle Literatur und alle Fantasien, ist Siangirowa überzeugt.

Meistens schreibt die 45-Jährige, die neben ihrer Arbeit als Journalistin auch als Leiterin der Abteilung für Öffentlichkeitsarbeit im staatlichen Musiktheater in Omsk tätig ist, über kulturelle Themen. Die russische Innen- und Außenpolitik, Moskaus Rolle im Ukraine-Konflikt oder der Druck des Kreml auf die Opposition spielen in ihrer journalistischen Arbeit kaum eine Rolle. Doch wie nimmt sie diese Entwicklungen als Bürgerin wahr? Und wie die Menschen in Sibirien ganz generell, das so weit entfernt liegt von Moskau? »Natürlich sind wir weit weg, aber wir schauen fern und bekommen mit, was politisch in Russland läuft. Und manche Ereignisse wirken sich auch ganz konkret bei uns aus. Zum Beispiel, als im Sommer 2015 Flüchtlinge aus der Ostukraine nach Omsk gekommen sind. Wir haben damals Kleider für sie gesammelt.« Sie wolle nicht über den Ukraine-Konflikt urteilen, weil sie über zu wenige Informationen verfüge, meint Siangirowa. »Aber in die Augen dieser einfachen Menschen zu sehen, Alte und Kinder, das war entsetzlich. Es war klar, dass sie etwas Furchtbares durchgemacht hatten.«

Doch für viel Gesprächsstoff sorgten Fragen über den politischen Kurs Russlands in Sibirien nicht, meint Siangirowa. »Natürlich wissen die Leute auch hier, dass die Wahlen manipuliert werden und die Politiker nur für ihr eigenes Wohl und nicht für jenes der Bevölkerung arbeiten. Aber dass die Menschen mehr Rechte und Freiheiten einfordern würden? Nein, das tut hier kaum jemand. Die Menschen sind zu sehr damit beschäftigt, zu leben. Oder besser gesagt, zu überleben. Gemüse anzupflanzen.« Der Lebensstandard der meisten Menschen in Sibirien sei sehr bescheiden und die Gehälter seien niedrig. »Und das, obwohl die ganzen Rohstoffvorkommen bei uns liegen«, schüttelt Margarita Siangirowa den Kopf. »Aber wir sind nur die Nettozahler und sponsern Moskau und Sankt Petersburg.« Die ältere Generation habe sich längst damit abgefunden, aber junge Leute mit Familie würden oft aus Sibirien wegziehen. »Vor 15 oder 20 Jahren wollten alle nach Omsk kommen, um hier zu arbeiten. Das kann man heute kaum mehr glauben. Jetzt versuchen viele, im europäischen Teil Russlands Arbeit zu finden und sich dort niederzulassen.«

Welche Zukunft sie sich für Russland wünsche, frage ich Margarita Siangirowa. Wie sollen in ihren Augen das Land und die Gesellschaft in einigen Jahren aussehen? Sie wünsche sich, dass die Menschen ein materiell besseres Leben hätten, vor allem in der Provinz, antwortet sie. Und dass man seine Meinung ohne Angst vor irgendwelchen Konsequenzen frei äußern könne. »Natürlich wünsche ich mir auch, dass ein Skandal wie rund um den ›Tannhäuser‹ in Nowosibirsk nie mehr passiert. Dass einfach jemand entscheidet, was Kunst ist und was nicht und Aufführungen verbietet. Nur aus Angst, seinen Sessel zu verlieren.« Interne Intrigen und Streit in der Kulturwelt seien nichts Neues, meint Siangirowa. Dass jetzt aber auch noch die orthodoxe Kirche mitmische und missliebige künstlerische Produktionen absetzen wolle, sei einfach unannehmbar.

»Aber mir scheint, dass das auch an unserer Mentalität liegt«, erklärt die Journalistin. »Europäische Werte werden sich hier nie durchsetzen. Russland ist anders, wir haben eine andere Geschichte. Hier hat es immer die Peitsche gegeben und es wird sie immer geben. Die Frage ist nur, ob fest zugeschlagen wird, so wie zu Zeiten Stalins, oder weniger fest.« Trotzdem, meint Margarita Siangirowa, könne sie sich nicht vorstellen, in einem anderen Land zu leben. Manchmal denke sie zwar darüber nach, wie spannend es wäre, im Ausland Erfahrungen zu sammeln. Aber sie könnte sich wohl nur schwer anpassen, weil sie fast ausschließlich in Russland gelebt habe. »Ich weiß einfach, dass ich für immer hierbleiben werde«, meint Siangirowa. »Außerdem liebe ich die Menschen in Russland. Sie sind sehr gutherzig. Und auf eine bestimmte Art unbeugsam. Auch wenn sie bescheiden leben, schaffen sie es immer wieder, ein Fest zu feiern. Das ist charakteristisch für unser russisches Volk.«

Ein halbes Jahr nach der umstrittenen Verschiebung der Premiere des »Reigen« komme ich wieder nach Omsk. Das Stück hat nämlich mittlerweile doch seinen Weg auf die Bühne gefunden und ich möchte eine der Aufführungen besuchen. Diese finden nun im Omsker Haus der Schauspieler statt und nicht, wie ursprünglich geplant, im Lyzee-Theater.

Zwar gilt eine Altersbeschränkung von 18 Jahren, aber das Theater wollte auf Nummer sicher gehen und sich nicht der Kritik aussetzen, man zeige ein so »sittenloses« Stück in einem Haus, in dem auch Jugendliche ein- und ausgehen.

Der Saal im Haus der Schauspieler ist an diesem Abend ausverkauft, rund 200 Besucher sind gekommen. Und verfolgen die Schicksale der zehn Paare aus dem »Reigen«, die Liebe suchen, aber nur schnellen Sex, Enttäuschung und seelische Leere finden. Der polnisch-österreichische Regisseur Piotr Szalsza hat das Stück humorvoll, mit viel Leichtigkeit und gleichzeitig Tiefgang inszeniert. Als ich nach dem Schlussapplaus einige Zuseher nach ihrer Meinung frage, reagieren sie durchwegs begeistert. Ein Stück wie aus dem Leben gegriffen, meinen sie. Und lehrreich sei es noch dazu, denn man erkenne zuweilen sich selbst und die eigenen Unvollkommenheiten darin. Keiner meiner zufällig ausgewählten Gesprächspartner aus dem Publikum bezeichnet das Stück als unsittlich, unmoralisch oder aus einem anderen Grund unzumutbar. »Das war doch von Anfang an klar, dass es an der Inszenierung nichts auszusetzen gibt und der Skandal aus dem Nichts aufgeblasen wurde«, kommentiert Margarita Siangirowa. Sie hat mich ins Theater begleitet.

Doch selbstverständlich ist es nicht, dass das Lyzee-Theater den »Reigen« nach der Kritik der Kirche nun trotzdem zeigt. Zuerst musste die Bevölkerung in Omsk der Inszenierung ihren Segen geben. Man habe nach der ersten Aufführung des »Reigen« eine öffentliche Diskussion organisiert, rund 300 Interessierte seien gekommen, von Kirchenvertretern und ultraorthodoxen Gläubigen bis hin zu Pädagogen, Unternehmern und ganz normalen Zusehern, erzählt der künstlerische Leiter des Lyzee-Theaters, Sergej Timofejew, den ich erneut zum Gespräch treffe. In dieser sehr hitzig geführten Debatte hätten jene gesiegt, die am »Reigen« festhalten wollten. Daher werde er nun gezeigt, so Timofejew. Aber was hat das mit Freiheit der Kunst zu tun, wenn für eine Inszenierung die Zustimmung der Bevölkerung nötig ist?, frage ich den Theatermacher. Als der »Reigen« von Schnitzler geschaffen wurde, habe er einen Sturm der Empörung ausgelöst, und leider sei man seither noch nicht viel weiter gekommen, erklärt Timofejew: »Noch immer gibt es Leute, die in diesem Stück etwas sehen oder suchen, das es eigentlich gar nicht gibt. Deshalb war es uns wichtig, dass uns die Bevölkerung bestätigt, dass wir die Gesellschaft nicht entsittlichen, sondern im Gegenteil ein Problem zeigen, das seit der Zeit Schnitzlers aktuell geblieben ist.« Was passiert wäre, wenn in der öffentlichen Diskussion der »Reigen« als den Omskern nicht zumutbar gebrandmarkt worden wäre, will sich Sergej Timofejew nicht ausmalen. Vielleicht hätte er dann seinen Posten als künstlerischer Leiter des Lyzee-Theaters gekündigt, räumt er ein.

Doch was sagen diese Skandale, die sich zuletzt in Russland häufen, über die hiesige Gesellschaft aus?, möchte ich von Timofejew wissen. Wenn Theaterstücke wegen Kirchenkritik und verängstigter Beamter fast oder ganz abgesagt werden? Der Theatermacher seufzt. Die russische Gesellschaft sei in seinen Augen noch mitten in ihrer Entwicklung: »Der Übergang vom sozialistischen System zu einer Art Kapitalismus ist schwierig. Es ist erst wenig Zeit vergangen seit dem Zusammenbruch der Sowjetunion. Wir werden noch viele Klischees und Vorurteile überwinden müssen, bis unser Weg stabiler wird.«

Wenig später erzählt mir Margarita Siangirowa aufgeregt, dass bereits der nächste Kulturskandal in Omsk für Schlagzeilen sorge. Dieses Mal ist das staatliche Musiktheater betroffen, in dem sie arbeitet. Dort war ein Gastspiel aus Sankt Petersburg geplant. Die weltberühmte und auch in Russland schon unzählige Male aufgeführte Rock-Oper »Jesus Christ Superstar« hätte gezeigt werden sollen. Die Aufführung kam nicht zustande. Offiziell, weil die Bühne an diesem Abend nicht zur Verfügung stand. Wahrer Grund aber seien einmal mehr verängstigte Kulturbeamte, die dem Theater geraten hätten, das Gastspiel besser nicht zu zeigen, erzählt Margarita: »Ganz nach dem Motto: Wer weiß, ob der Kirche alles gefällt, was im Musical gezeigt wird. Lieber keinen neuen ›Tannhäuser‹-Skandal riskieren.«

»Es ist schon gut so, wie es ist.«

Alla und Alexander Rojenko, Bauern in Sibirien

Es ist früher Abend, als wir im 1700-Seelen-Dorf Solonowka im südsibirischen Altai-Gebiet ankommen. Die Sonne steht schon tief über den teilweise windschiefen Bauernhäuschen, die die nicht asphaltierte, schmale Straße säumen, auf der wir langsam entlangfahren. Vorbei an einer kleinen Holzkirche in der für Russland traditionellen Blockbauweise und an einem Lebensmittel-Geschäft, das einer Garage ähnlich sieht und bereits geschlossen hat. Es ist offenbar das Dorfzentrum von Solonowka. Keine Menschenseele ist zu sehen, der Ort wirkt wie ausgestorben. Auch Straßenverkehr gibt es so gut wie keinen. Nur einmal kommt uns eine alte Frau auf einem Moped entgegen. Gemächlich rumpelt sie über die Schlaglöcher, ihr Haarknoten wippt dabei auf und nieder. Der Hof von Alla und Alexander Rojenko, den wir suchen, liegt etwas abgelegen und ist nicht leicht zu finden. Nach ein paar vergeblichen Anläufen und kürzeren Irrfahrten durch die engen, rumpeligen Straßen von Solonowka lassen wir uns die letzten paar Kilometer am Telefon von Bauer Alexander Rojenko lotsen.

Der Hof ist von der Straße aus nicht gleich zu sehen, er liegt hinter einem Zaun mit einem großen Torbogen aus Holz, der gleichzeitig als Einfahrt dient. Alexander wartet vor seinem kleinen Bauernhaus bereits auf uns. »Ich weiß, dass ihr zuerst filmen wollt und erst danach Tee trinken. Ihr seid nicht die ersten Fernseh-Journalisten, die uns besuchen«, lacht er breit und deutet auf ein kleines Häuschen nebenan. »Ich nehme an, ihr wollt den Käse filmen? Dort ist die Sennerei! Alla wartet schon auf euch.«

Mit flinken Händen drückt Alla Rojenko milchig-weiße Käselaibe aus siebartigen Gefäßen, wendet sie und drückt sie wieder in die Siebe zurück. »Zum Abtropfen«, erklärt sie. Später werden die Laibe zum Reifen in eine spezielle Kammer gelegt, die durch eine Glastür vom Hauptraum der Sennerei getrennt ist. Durch die transparente Tür sind die Regale zu erkennen, auf denen die Laibe liegen. Fein säuberlich nebeneinander aufgereiht. »Ich mache unterschiedliche Käsesorten. Zum Beispiel Camembert und Crottin. Ich meine den echten, mit einer Rinde aus Asche!«, erzählt Alla stolz. »Nach europäischen Rezepten.« Rund 25 Kilogramm Käse stellt Alla täglich aus der Milch der hundert Ziegen her, die sie auf dem Hof gemeinsam mit ihrem Mann Alexander hält. Für manche Sorten, wie den Parmesan, verwendet sie zusätzlich auch Kuhmilch, die sie von einer Bäuerin aus der Nachbarschaft im Dorf zukauft. »Für heute ist die Arbeit in der Sennerei erledigt. Kommt, wir verkosten meinen Käse.«

Alla führt uns in die große, gemütliche Stube im Bauernhof. Alles ist aus Holz gefertigt: der Boden, die Wände, die ausladenden Tische und Sitzbänke. Während Alla aus einem gläsernen Kühlschrank in der Ecke verschiedene Käse nimmt und aufschneidet, dröhnen die Abendnachrichten eines staatlichen Senders aus einem großen Fernseher, der an der Wand befestigt ist. Eine durchaus übliche Hintergrund-Beschallung in Russland, wo es normal ist, dass in Haushalten oder auch Gastlokalen ununterbrochen der Fernseher läuft, dem je nach Programm und Tageszeit mehr oder weniger Aufmerksamkeit geschenkt wird. »Schaut her, das ist Camembert, das ist Crottin, einmal mit und einmal ohne

Asche. Und das ist Mozzarella.« Alla erklärt uns ihre selbstgemachten Käsesorten, die sie auf einen der großen Holztische stellt. Tatsächlich ist der Geschmack kaum von den Originalen in Frankreich oder Italien zu unterscheiden. Wie kommt es, frage ich sie, dass sie hier, in einem abgelegenen Dorf in Sibirien, ausgerechnet Käse herstellt, der in Russland traditionell gar nicht produziert wird? Der bisher meistens aus Europa importiert wurde, jetzt aber aus den Geschäften so gut wie verschwunden ist, weil Präsident Putin auf die Wirtschaftssanktionen der EU mit einem russischen Embargo für viele europäische Lebensmittel reagiert hat?»Sie liebt einfach Käse. Schon immer«, antwortet Alexander, der sich inzwischen zu uns gesellt hat, auf meine Frage.»Seit Jahren schenken wir Familienangehörigen ihr zum Geburtstag immer etwas, das mit Käse zu tun hat. Entweder spezielle Käsemesser oder sonst etwas Besonderes.« Ja, sie möge diesen Käse europäischer Art sehr gerne und habe eines Tages beschlossen, das Sennen einfach zu versuchen, nickt Alla.

Zu diesem Zeitpunkt führte das Ehepaar Rojenko, das ursprünglich aus einer sibirischen Großstadt stammt und dann aufs Land zog, bereits den kleinen Bauernhof in Solonowka. Allerdings hatten sie damals nur wenige Ziegen. In Russland, wo die Käsetradition eine völlig andere als in Europa ist, gibt es keine Anleitungen oder Rezepte für Sorten wie Camembert. Und so machte sich Alla im Internet auf die Suche und wurde fündig. Teilweise in sehr alten Büchern, erzählt sie. Später reiste sie auch mehrfach nach Frankreich und Tschechien, um den dortigen Käsebauern über die Schulter zu blicken.

Das Geschäft mit dem Käse laufe gut, erzählt Alla. Vor allem Russen, die ins Ausland reisen und die westliche Käsetradition kennen, mögen den Camembert aus dem südsibirischen Solonowka. Oft kämen Touristen aus den Sanatorien im noblen Belokuricha vorbei, ein Kurort im Altai-Gebiet, wenige hundert Kilometer entfernt vom Bauerndorf, erzählt Alla. Sie würden dann durch die Sennerei geführt und könnten mit eigenen Augen sehen, wie der Käse vom Anfang bis zum Ende der Produktion von Hand gemacht werde, ohne irgendwelche Zusätze oder Chemikalien. »Das mögen die Leute heute sehr, bei den Lebensmitteln in unseren Supermärkten ist das ja nicht so«, meint Alla. Und fügt stolz hinzu, dass zuweilen sogar Prominente aus dem Umfeld des Kreml, die in den Luxus-Sanatorien des Altai absteigen, den Weg in ihre kleine Sennerei nicht scheuten. Namen will Alla aber keine nennen. Der Käse-Absatz läuft jedenfalls gut. Was die Touristen nicht kaufen, wird in Restaurants in umliegende Städte oder eben in den Kurort Belokuricha geliefert. Und was dann noch übrig bleibt, bekommen die Gäste, die auf dem Hof von Alla und Alexander übernachten, zum Frühstück serviert. Die Rojenkos bieten auf ihrem Bauernhof auch einfache Übernachtungsmöglichkeiten. »Ferien auf dem Bauernhof« würde man in Europa zu diesem Urlaubstrend sagen, der auch in Russland immer populärer wird. Alla führt uns zu einem der kleinen Häuschen neben dem Bauernhof, die als Gästezimmer dienen. Auch wir wollen über Nacht auf dem Hof bleiben. Die Inneneinrichtung ist schlicht: ein Bett und ein Regal aus Holz. Es gibt keine Dusche, nur kaltes Wasser und die in Russland häufig anzutreffende Stehtoilette. Trotzdem wirkt das Häuschen irgendwie gemütlich.

Wie sich die aktuelle schwere Wirtschaftskrise in Russland und die Sanktionen auf ihr Geschäft auswirken, möchte ich von Alla wissen, als wir vor dem Gäste-Häuschen noch ein wenig plaudern. Seit dem Verfall des Rubels, der Auslandsreisen für viele Russen sehr teuer macht, urlauben viele lieber im Inland. Was die russische Regierung gerne propagiert. »Importersatz« sozusagen, die von der russischen Führung ausgerufene Parole, um angesichts der Wirtschaftskrise und der Sanktionen die inländische Produktion anzukurbeln und vom Export weniger abhängig zu werden. Das gilt für Lebensmittel, die Industrie, aber eben auch für den Tourismus. »Wir spüren, dass die Leute weniger Geld haben seit der Krise«, erzählt Alla. Die Gäste, die oft seit Jahren regelmäßig hier urlaubten, würden zwar nach wie vor kommen, aber oft darum bitten, erst später bezahlen zu dürfen. »Kein Problem, die meisten sind längst unsere persönlichen Freunde geworden, wir vertrauen ihnen«, lacht Alla. Der Käse hingegen finde seit dem russischen Embargo gegen europäische Lebensmittelimporte sogar noch größeren Absatz. Europäischer Camembert oder Parmesan sei aus den russischen Verkaufsregalen derzeit verschwunden und sie produziere ja genau solche Käse. Auch wenn es natürlich kein wirklicher Ersatz sei. »Es ist kein italienischer Parmesan, den ich mache, und kein französischer Camembert. Es ist Parmesan und Camembert aus dem Altai. Aus unserer Altai-Milch. Aber er ist gut und offenbar kann ich ein wenig mithalten«, schmunzelt Alla. Sogar aus dem weit entfernten Moskau würden Anfragen für Großbestellungen kommen, wirft Alexander ein, der zu uns gestoßen ist. »Aber das wollen wir nicht. Wir wollen lieber klein und fein produzieren und dafür die Qualität im Griff haben.«

Am nächsten Morgen mache ich einen Spaziergang durchs Dorf. Das Zentrum ist so menschenleer wie am Vortag. Vereinzelt brummt ein Kleinlaster vorbei. Ansonsten zerreißt nur gelegentliches Hundegebell hinter den schiefen Zäunen, die die Häuschen am Straßenrand umgeben, die Stille. Ich wundere mich, dass keine Dorfbewohner zu sehen sind. Vielleicht sind sie bei der Arbeit auf ihren Höfen oder pendeln in einen Nachbarort, denke ich. Ich komme an der kleinen Holzkirche vorbei. Endlich menschliche Stimmen. Es sind Bauarbeiter, die das Kirchlein renovieren und sich lautstark unterhalten. Als ich zum Hof zurückkomme, begegne ich Alexander, der gerade aus seinem Auto steigt und die Tür wütend zuschlägt. Keine Kuhmilch gebe es heute, erklärt er kurz. Die Bäuerin aus der Nachbarschaft, die die Rojenkos mit Kuhmilch versorge, habe heute auf die vereinbarte Ration vergessen und die Milch schon anderweitig verkauft. Mit der Liefer-Verlässlichkeit nehme man es hier auf dem Land wohl nicht so genau, versuche ich zu scherzen. Doch Alexander hört kaum zu. »Kommen Sie, es ist Zeit, die Ziegen auf die Weide zu treiben. Wären das nicht nette Bilder für Ihren Fernsehbeitrag?«, fragt er mich und geht los, um die Tiere aus dem kleinen Stall neben der Sennerei zu lassen. Während die schwarz-weißen Ziegen eilig zu einem großen, eingezäunten Feld hinter dem Hof laufen, schildert Alexander, der schon wieder gut gelaunt ist, die Vorzüge der Ziegenmilch. Keine andere Milch sei so gut verträglich für den Menschen, meint er. Und erzählt schmunzelnd die Legende von einem russischen Zarensohn, der nicht wie üblich mit der Milch einer Amme, sondern mit Ziegenmilch aufgezogen worden sein soll. »Ohne Flasche. Sie haben das Kind einfach unter die Ziege gelegt«, schmunzelt Alexander.

Alla ruft uns zum Frühstück in die Bauernstube. Als wir hinter dem großen Holztisch sitzen, kommen wir auf die Politik zu sprechen. Die Parlamentswahlen in Russland stehen kurz bevor, das Ergebnis steht wie immer schon fest. Die Kremlpartei wird gewinnen. »Mir ist es ganz gleich, wer da oben im Parlament sitzt«, sagt Alexander. »Nur die Dörfer wie unseres hier sollen sie nicht vergessen.« Derzeit kümmere sich die Politik in Russland nicht um das einfache Volk auf dem Land, klagt Alexander. »Schaut euch um bei uns im Dorf. Es ist leer. Die jungen Leute ziehen alle weg. Sie suchen ihr Wohl in der Stadt und wollen dort irgendein ›Business‹ aufziehen. Hier im Dorf gibt es nicht einmal einen Sportsaal oder eine Diskothek. Und obwohl bald das neue Schuljahr beginnt und die Kinder im Autobus in die Schule fahren müssen, ist die Straße noch immer nicht renoviert. Jedes Mal, wenn wir bei den Behörden nachfragen, heißt es, die Region habe kein Geld.« Alexander schüttelt den Kopf. Nur die Millionenmetropole und Hauptstadt Moskau schwimme im Geld, für die Dörfer in der Provinz bleibe nichts. »Eine zweite Ringautobahn wollen sie jetzt um Moskau herum bauen, habe ich gelesen«, fährt Alexander fort. »Anscheinend wird es ihnen langsam zu eng in der Hauptstadt, so viele Leute leben dort. Sie sollen zu uns nach Sibirien ins Dorf ziehen und hier arbeiten. Wir können Leute brauchen.« In den Dörfern würden die Menschen hart arbeiten, Jobs schaffen und das Land ernähren. Und doch würden sie von der Regierung vergessen. Alexanders sonst so gutmütige Augen blitzen zornig.

Ob Alla und Alexander also für die Opposition stimmen werden, will ich wissen. Zum Beispiel für einen liberalen Oppositions-Politiker aus ihrem Wahlkreis, der verspricht, nach dem Einzug ins Parlament die Anliegen der Landbevölkerung zu vertreten? »Nein, keinesfalls. Die Opposition hat ja auch noch nichts zustande gebracht«, sagt Alla entschlossen. Aber echte, kreml-kritische Oppositionelle seien ja seit langer Zeit gar nicht mehr an der Macht gewesen, werfe ich ein. »Stimmt«, räumt Alla ein. Trotzdem, sie glaube nicht, dass Oppositionelle dem Land gut täten. Ich muss unwillkürlich an die Passanten in der Hauptstadt des Altai-Kreises, Barnaul, denken, die ich vor wenigen Tagen interviewt habe. Auch sie habe ich gefragt, für wen sie bei der bevorstehenden Wahl stimmen wollen. Alle Befragten bis auf eine Ausnahme beklagten sich zwar über die niedrigen Gehälter und Pensionen, die ihnen kaum das Leben ermöglichten, wollten aber trotzdem für die Regierungspartei von Präsident Putin stimmen.

»Die Regierungspartei tut zumindest ein bisschen was. Wir haben einen Kredit als Startkapital bekommen, als wir unseren Hof eröffnet haben«, erzählt Alexander. Von dieser finanziellen Hilfe für neu beginnende Bauern hätten auch andere Dorfbewohner in Solonowka profitiert. Klar sei es trotzdem immer noch nicht genug, was die Regierung für die Menschen draußen in den abgelegenen Dörfern tue. »In Moskau wird über neue Gaspipelines nach Europa diskutiert. Wir hier in Sibirien, wo das ganze Gas herkommt, würden auch gerne mit Gas anstatt mit Kohle heizen. Für uns legt man aber keine Leitungen«, meint Alexander. Und dennoch, auch er wolle für die Regierungspartei stimmen. »Insgesamt leben wir ja doch besser als früher«, wirft Alla ein. »Wir sind frei, und wer arbeiten will und fleißig ist, kann auch etwas erreichen. Wir können vom Verkauf unseres Käses inzwischen leben, wenn auch sehr bescheiden. Und mit den Einnahmen aus den Gäste-Übernachtungen zahlen wir alte Schulden ab.« Ja, man könne sich immer mehr wünschen, zum Beispiel ein Leben wie in Europa, räumt Alla ein. »Aber es ist auch so gut, wie es ist. Vielleicht haben wir einfach zu geringe Ansprüche«, lächelt sie fast ein wenig verlegen.

Inzwischen sind weitere Gäste in die Bauernstube gekommen. Ein junger Mann in Fischer-Ausrüstung, der wohl in den nahegelegenen Flüssen sein Anglerglück versuchen will. Und ein junges Paar, das auf dem Motorrad unterwegs ist und auf seiner Tour in die Berge des Altai auf dem Bauernhof Zwischenhalt macht. Die junge Frau betrachtet skeptisch den Käse auf dem Frühstückstisch und rümpft die Nase. »Der ist ja schimmlig und stinkt, wie kann man das nur essen«, wundert sie sich. Alla erklärt geduldig, dass der Käse nicht verdorben sei, sondern einfach eine andere Sorte als die in Russland geläufigen, geruchlosen Hartkäse. »Man muss ihn ganz langsam probieren. Zuerst ein kleines bisschen, später dann ein wenig mehr. Am besten mit einem Glas Wein. Und irgendwann will man keinen anderen mehr essen«, zwinkert sie der jungen Besucherin zu. Diese scheint davon nicht überzeugt, ihr Begleiter auch nicht. Sie entscheiden sich für ein Honigbrot zum Frühstück.

Wir müssen aufbrechen, ein langer Drehtag in den Bergen des Altai steht bevor. Als wir aus dem Haus treten, fährt Alexander in seinem Traktor vorbei. Er transportiert riesige Strohballen für die Ziegen auf das Feld hinter dem Hof. Als ich ihm zusehe, wie er geduldig den Traktor durch das unebene Feld lenkt, scheint mir diese Szene fast unwirklich und wie aus der Zeit gefallen. Wie ein altes Klischee, das man zuweilen von russischen Dörfern hat. Alla reißt mich aus den Gedanken. »Auf Wiedersehen«, ruft sie von der Schwelle des Bauernhauses. »Wenn ihr das nächste Mal kommt, habe ich schon wieder eine neue Käsesorte im Programm. Die müsst ihr dann probieren.«

»In unserer Gesellschaft wird schon Kindern abgewöhnt, eine eigene Meinung zu haben.«

Julia und Iwan Marjucha, junges Unternehmerpaar, Moskau

Das Café liegt ein wenig versteckt auf einem weitläufigen Gelände einer ehemaligen Fabrik etwas außerhalb des Moskauer Stadtzentrums. Die ersten paar Male, als ich dorthin unterwegs war, habe ich mich zwischen den sich ähnelnden, frisch renovierten Studios verlaufen, in die sich die früheren Fabriksgebäude und Lagerhallen mittlerweile verwandelt haben. Ein hoch über die Dächer hinausragender Schornstein, der aus den alten Zeiten noch übriggeblieben ist, dient mir mittlerweile als Orientierung. In seiner Nähe befindet sich das Café, das ich gerne mit Freunden aufsuche, wenn wir der lärmenden Hektik des Stadtzentrums für ein paar Stunden entkommen möchten. Ich mag die ruhige Stimmung dort, es wird leiser Jazz gespielt anstatt der ohrenbetäubenden Popmusik, die in den meisten Moskauer Cafés aus den Lautsprechern dröhnt und Tischgespräche fast unmöglich macht. Im lichtdurchfluteten Loft mit hohen, weißgestrichenen, stuckverzierten Wänden erinnert nichts mehr daran, dass sich hier einst eine Lagerhalle befand. Die Küche ist offen und nur durch eine Theke vom Gastraum getrennt, über die Speisen und Getränke gereicht werden. Auf der Theke thront eine Vitrine mit jenen süßen Köstlichkeiten, die der eigentliche Grund dafür sind, dass das Café seit der Eröffnung regelrecht gestürmt wird: die Torten und Desserts von Julia Marjucha.

Die junge Frau steht hinter der Theke und wird von den faszinierten Gästen dabei beobachtet, wie sie Teige rührt, eine Torte nach der anderen in den Ofen schiebt und sie dann mit Creme bestreicht und mit Früchten oder Schokolade verziert. Sie sei keine Konditorin, sondern ausgebildete Ökonomin, lacht Julia Marjucha, als ich sie frage, wo sie das Backen gelernt habe: »Keinen einzigen Backkurs habe ich besucht. Es gibt ja heute alle notwendigen Informationen im Internet. Anleitungen und Videos, man muss sich nur bedienen.« Auch die Rezepte ihrer aufwendigen Torten habe sie im Internet aufgestöbert und dann einfach an ihren persönlichen Geschmack angepasst.

»Ich habe schon sehr jung zwei Kinder bekommen«, erzählt die 30-Jährige. »Ich habe damals nicht gearbeitet, um sie zu Hause zu betreuen. In dieser Zeit habe ich mit dem Backen angefangen. Es war das, was mir wirklich Freude gemacht hat, ich war mit Herz und Seele dabei. Das wurde immer größer und irgendwann war das ganze Haus voller Süßigkeiten und wir wussten nicht mehr, wohin damit. Also haben wir sie verkauft. Zunächst über die sozialen Netzwerke, später haben wir eine eigene Internetseite erstellt«, erinnert sich Marjucha. Mit der Zeit sei die Nachfrage der Kunden aber so groß geworden, dass sie mit der Backstube im eigenen Haus nicht mehr zu bewältigen war. Der Zufall wollte es, dass zu dieser Zeit auch ihr Mann Iwan seine Arbeit als Ökonom in einem großen Unternehmen an den Nagel hängte, um eine neue Herausforderung abseits einer Büro-Karriere zu suchen. Also machten sich die beiden daran, den alten Traum eines eigenen Cafés zu verwirklichen. Die Suche nach einem passenden Lokal sei schwierig gewesen, so Julia Marjucha, denn in Moskau würden entweder astronomische Pachtzinsen verlangt oder die Adresse sei nicht ideal.

»Eines Tages haben mir Bekannte, die die Studios auf diesem Fabriksgelände vermieten, erzählt, dass sie eine ehemalige Lagerhalle renovieren und ob ich nicht etwas daraus machen wolle«, erzählt Julias Ehemann Iwan, der sich unserem Gespräch angeschlossen hat: »Als ich das Gebäude erstmals betreten habe, war es eine Ruine, voller Dreck. Aber es war sofort klar, dass es der richtige Ort für uns ist.« Eine völlig verrückte Idee sei das gewesen, erinnert sich Julia schmunzelnd: »Wir hatten überhaupt keine Ersparnisse und keine Erfahrung als Unternehmer. Natürlich hat uns keine einzige Bank Kredit gewährt. Aber wir waren optimistisch. Ich war überzeugt davon: Wenn man etwas mit Herz und Seele tut, ergeben sich die nötigen Umstände ganz von selbst. Und die Menschen, die dich unterstützen, tauchen plötzlich auf.«

Zunächst hätten sie in sozialen Netzwerken und auf ihrer Internetseite angekündigt, dass sie ein Café eröffnen wollten und dafür Geld brauchten, erzählt Iwan: »Das hat funktioniert. Viele unserer Kunden haben einfach so kleinere Summen überwiesen, um uns zu unterstützen. Andere wiederum haben für ein halbes Jahr im Voraus Bestellungen aufgegeben und sofort bezahlt. Das war nicht nur eine finanzielle, sondern auch eine große emotionale Unterstützung für uns.« Dann sei wie aus dem Nichts eine Investorin aufgetaucht, die die beiden angehenden Jungunternehmer kennenlernen wollte: »Sie hat uns angeschrieben und gemeint, dass sie uns seit Längerem beobachtet und ihr gefällt, was wir machen. Sie ist ein Business Angel und unterstützt normalerweise IT- Unternehmen. Wir mit unserem Café sind da also eine Ausnahme«, lächelt Iwan. Die Investorin habe später den Business-Plan für das künftige Café für gut befunden und in das junge Unternehmen investiert. »Eigentlich ähnelt unsere Geschichte den Märchen, von denen man manchmal in der Wirtschaft hört. Dass jemand bei null anfängt, irgendwo in einer Garage etwas erfindet und dann plötzlich entdeckt wird und einen Investor findet.«

Ganz leicht sei der Start des eigenen Unternehmens trotzdem nicht gewesen, wirft Julia ein und erzählt, dass sie das Café zunächst zu zweit, ohne Personal, eröffnet hätten: »Nachdem wir die Einrichtung gekauft hatten, war das Geld aus. Wir konnten niemanden anstellen. Also haben wir zu zweit rund um die Uhr gearbeitet. Ich habe die ganze Nacht gebacken und tagsüber haben wir die Torten serviert und ausgeliefert. Sogar die Kinder haben manchmal im Café übernachtet«, erinnert sich Julia und schüttelt lächelnd den Kopf. Freunde hätten sich damals gemeldet, um am Abend und am Wochenende in der Küche und im Service mitzuarbeiten. »Sogar mein Bruder ist eigens aus Sankt Petersburg angereist und hat in der Küche geholfen und auf die Kinder aufgepasst«, erzählt Iwan. Inzwischen sind eineinhalb Jahre seit der Eröffnung vergangen, der Kredit an die Investorin ist zurückgezahlt und die Marjuchas stemmen den Betrieb nicht mehr nur zu zweit, sondern mit einem Team von 18 Mitarbeitern.

Auf welche Herausforderungen sie bei der Gründung ihres kleinen Unternehmens gestoßen seien, frage ich Iwan und Julia. Immerhin gilt Russland, dessen Wirtschaft von oft staatlich kontrollierten Großkonzernen beherrscht wird und wo sich die gesetzlichen Bestimmungen fast täglich ändern, als kein leichtes Pflaster für private Kleinbetriebe. Iwan denkt kurz nach. »Wir haben bei Weitem nicht das schlimmste Steuersystem der Welt und bei Weitem nicht die schlimmsten Gesetze für Kleinunternehmen. Das Schwierige ist, dass überhaupt nicht klar ist, welche Regeln gelten. Man muss sich jede Information sehr mühsam und langwierig zusammensuchen.« Dazu komme, dass viele gesetzliche Bestimmungen noch aus der Zeit der Sowjetunion stammten und damit der heutigen Realität seit Jahrzehnten nicht mehr entsprächen. So seien die Bestimmungen für Nahrungsmittelbetriebe oder Restaurants noch immer für Großküchen ausgelegt und nicht für ein kleines Café: »Da ist noch heute von sogenannten ›Unternehmen öffentlicher Ausspeisung‹ die Rede. Es heißt dort, dass man einen Saal für diesen Zweck braucht und einen für jenen. Und in der Küche muss es einen Lagerraum für dieses geben und einen für jenes. Wollten wir diese Regeln einhalten, müssten wir eine ganze Nahrungsmittelfabrik bauen oder ein Restaurant für tausend Gäste. Dabei sind wir ein kleiner Familienbetrieb, in dem frisch gekocht wird. Wir lagern keine Lebensmittel.« Iwan lacht. Und räumt ein, dass die Realität im Wirtschaftsleben oft weniger schlimm sei, als es die gesetzlichen Regeln vermuten lassen würden: »Das ist wahrscheinlich typisch russisch, dass es zwei parallele Wirklichkeiten gibt. Es gibt einerseits das Gesetz und die offiziellen Bestimmungen. Andererseits gibt es die Wirklichkeit, in der alles oft anders funktioniert. Man bekommt ziemlich schnell heraus, welche Bestimmungen wirklich wichtig sind und eingehalten werden müssen. Und welche man links liegen lassen kann, weil sie niemanden kümmern.«

Ganz ohne Probleme ist das Verhältnis der beiden jungen Café-Betreiber mit den gefürchteten, weil unberechenbaren russischen Behörden aber trotzdem nicht verlaufen. »Wenige Tage nach der Eröffnung des Lokals stand plötzlich eine Dame der Verbraucherschutz-Behörde hier. Jemand hatte eine Beschwerde gegen uns eingereicht. Sie war sehr unfreundlich und negativ eingestellt und hat gemeint, dass wir alles falsch machen würden. Nichts entspreche den Gesetzen«, erinnert sich Julia. Und Iwan fügt hinzu:»Und dann hat sie gemeint, dass sie das Café am liebsten auf der Stelle zusperren würde.

Mit großem Vergnügen, hat sie betont. Leider sei das aber nicht möglich, weil die politische Führung derzeit Kleinbetriebe fördere und ihnen viel durchgehen lasse.« Im dichten russischen Gesetzesdschungel finde man eben immer etwas, das man einem Unternehmer vorwerfen könne, meint Julia und seufzt, dass sie zum Glück mit einer Geldstrafe davongekommen seien. Im Café selbst hätten sie nichts ändern oder anpassen müssen.

Einmal habe auch die aktuelle Tagespolitik ihren Backbetrieb kurzfristig so gut wie stillstehen lassen, erinnert sich Julia. Als Präsident Putin ein Embargo für zahlreiche Lebensmittel aus Europa verhängte, um so auf die Wirtschaftssanktionen der EU zu antworten, verschwanden plötzlich viele der Zutaten aus den russischen Regalen: »Das war ein harter Schlag. Die meisten Lebensmittel, die ich zum Backen brauchte, stammten aus dem Ausland: Milchprodukte, Nüsse und Mandelmehl zum Beispiel. Und das war alles nicht mehr zu bekommen.« Zum Glück sei dies vor der Eröffnung des Cafés passiert, als Julia noch zu Hause backte. »Wir haben tief durchgeatmet und überlegt, wie wir auf alternative Zutaten umstellen können. Der Schock war groß, aber er ging schnell vorbei«, erinnert sich Iwan. Bald hätten etwa die italienischen Mascarpone-Produzenten ein Werk in Serbien eröffnet, das vom russischen Embargo nicht betroffen sei, und über diesen Weg nach Russland geliefert. Später hätten einheimische russische Unternehmen begonnen, Produkte herzustellen, die früher importiert werden mussten. Als sie wenig später das Café eröffneten, seien sie schon nicht mehr von importierten Lebensmitteln abhängig gewesen, erzählt Iwan.

Ob sie nicht manchmal Angst hätten, dass ihnen eines Tages jemand ihr inzwischen florierendes Café wegnehmen könnte, frage ich das junge Paar. Denn feindliche und oft kriminelle Übernahmen von gut gehenden Betrieben sind in Russlands Wirtschaftswelt trauriger Alltag. »Wenn wir ein großes Unternehmen wären, hätten wir diese Sorge vielleicht. Alles, was groß ist, weckt ja in Russland bei irgendjemandem Appetit. Aber wir sind so klein, dass wir wohl keinen interessieren«, meint Iwan gelassen: »Außerdem haben wir unser größtes Kapital im Kopf und in den Händen. Wenn etwas passiert, fangen wir einfach an einem anderen Ort wieder von vorne an.«

Die größte Herausforderung für die beiden Café-Betreiber seien letztendlich weder die undurchsichtigen gesetzlichen Bestimmungen noch die unvorhersehbaren Behörden, meint Iwan. Sondern interessanterweise der Faktor Mensch. Konkreter gesagt, die schwierige Suche nach geeigneten Mitarbeitern in der Küche und im Service: »Bis heute, eineinhalb Jahre nach der Eröffnung, bin ich dauernd mit der Personalsuche beschäftigt. Von 300 Interessenten, die sich auf eine ausgeschriebene Stelle melden, beschäftigen wir letzten Endes nur einen. Nur einer ist nach den ganzen Vorstellungsgesprächen und der Probezeit dazu bereit oder fähig.« Julia räumt ein, dass sie die Personalsuche ganz bewusst mit Maximalforderungen angehen würden: »Wir möchten Leute, die die gleiche Wellenlänge wie wir haben. Die begeistert sind von dem, was sie tun, und ihr Bestes geben. Und die vor allem imstande sind, selbständig zu arbeiten und in ihrem Bereich eigenständig die Aufgaben zu erfüllen.« Solche Mitarbeiter zu finden, sei in Russland jedoch extrem schwierig. »Das liegt wohl an der Mentalität, die noch durch die Sowjetzeit geprägt ist«, meint Iwan. Das gelte sogar für sehr junge Leute, die erst Ende der 1990er-Jahre, also lange nach dem Zusammenbruch der Sowjetunion, geboren wurden: »Unter ihnen sind sehr wenige selbständige Menschen. Die meisten wollen an ihrem Arbeitsplatz zwar möglichst viele Untergebene haben, aber nichts selbst entscheiden. Sie möchten, dass man ihnen klare Regeln vorgibt und immer ein Chef da ist, der für sie entscheidet, stets alles kontrolliert, notfalls verbessert und natürlich für alles die Verantwortung übernimmt.«

Diese Unselbständigkeit werde übrigens von der russischen Gesellschaft gefördert und unterstützt, ergänzt Julia: »Ich würde lieber in einem Land leben, in dem die Menschen selbständig denken und analysieren können. Dinge hinterfragen. Aber das wird hier schon Kindern abgewöhnt.« Ein Beispiel dafür sei die Schule: »Als unsere Tochter in die Schule gekommen ist, war sofort klar, wie es läuft: Man muss ordentlich in der Reihe gehen, darf nicht auffallen und keine eigene Meinung haben. Einfach nur still und gehorsam sein und sich so benehmen wie alle. Das ist unser derzeitiges System. Niemand ist daran interessiert, eine Generation von Menschen zu erziehen, die selbständig sind, Informationen überprüfen und hinterfragen können.« Ausnahmen gebe es nur dann, wenn einzelne Lehrer auf eigene Initiative die persönliche Entwicklung der Kinder fördern würden. Zumindest, solange sie dabei nicht erwischt würden, redet sich Iwan in Fahrt: »Aber alles, was von oben kommt, von der politischen Führung, hat zum Ziel, eigenständige Persönlichkeiten zu verhindern. Das sieht man ja auch daran, wie es mit dem neu eingeführten Religionsunterricht läuft.« Iwan erzählt, dass die Eltern der Kinder in die Schule eingeladen wurden, um unter mehreren Möglichkeiten des verpflichtenden Religions-Fachs auszuwählen. Fünf Varianten seien zur Wahl gestanden: die vier staatlich anerkannten Religionen in Russland – Orthodoxie, Islam, die jüdische Religion und der Buddhismus – und ein weltlicher Ethikunterricht. Allerdings seien die anwesenden Eltern von den Schulverantwortlichen mehr oder weniger sanft dazu gedrängt worden, sich für den russisch-orthodoxen Religionsunterricht zu entscheiden.

»Weil es die meisten so machen würden, weil es die wichtigste Religion des Landes sei und überhaupt viel mehr als eine Religion, nämlich der Sinn des Lebens.« Sie hätten für ihre Tochter trotzdem den Ethikunterricht gewählt, meint Julia und lacht: »Zum Glück war da noch eine Handvoll anderer Elternpaare, die das auch gemacht haben. So sind wir nicht allein gegen den Strom geschwommen.« Eigentlich störe ihn weniger das neue Fach Religion selbst als vielmehr der Grund, warum es die Behörden eingeführt hätten, meint Iwan ärgerlich: »Das ist doch sonnenklar, auch wenn offiziell etwas anderes behauptet wird. Die Religion ist das wirksamste Mittel, das Bewusstsein der Menschen zu beeinflussen.« Es gebe eine klassische Auswahl von Mitteln, das zu tun, zählt Iwan auf: repressive Gesetze und ein Sicherheitsapparat, der allen alles verbiete. Zudem gelenkte Medien, die ihren Nutzern vorgeben würden, wie sie zu handeln und zu denken hätten. Und eben die Religion: »Sie ist am wirksamsten, weil die Menschen den Priestern so sehr vertrauen, als ob es ihre eigenen Familienmitglieder wären. Viel mehr als der Medienpropaganda.«

Sie sei in einer sehr religiösen Familie aufgewachsen, erzählt Julia. Zuletzt aber sei ihre Haltung gegenüber der russisch-orthodoxen Kirche sehr kritisch geworden: »Ich traue oft meinen Augen nicht, wenn ich sehe, was da passiert. Als ich heute Morgen die Nachricht vom Gerichtsurteil gegen den Pokémon-Spieler in einer Kirche gelesen habe, hat mich fast der Schlag getroffen. Das hat mit gesundem Hausverstand doch nichts mehr zu tun.« Julia spricht vom Fall eines jungen Bloggers, der von einem Gericht in Jekaterinburg zu dreieinhalb Jahren Haft auf Bewährung verurteilt wurde. Er hatte sich dabei gefilmt, als er in einer Kirche das Smartphone-Spiel »Pokémon Go« gespielt hatte. Damit habe er die Gefühle von Gläubigen verletzt, heißt es im Gerichtsurteil. Seit einigen Jahren gibt es in Russland ein höchst umstrittenes Gesetz, das das nicht näher definierte Beleidigen der Gefühle von Gläubigen mit Haftstrafe ahndet. Für Entsetzen unter Beobachtern sorgte vor allem, dass die Richterin in Jekaterinburg die Haftstrafe auch damit begründete, dass der junge Mann die Existenz von Jesus und dem Propheten Mohammed geleugnet habe. Obwohl Atheismus in Russland nicht strafbar ist. »Das ist doch verrückt«, kommentiert Iwan. »Die Justiz funktioniert nicht in unserem Land. Dafür funktioniert ein ganz besonderer Arm der politischen Führung umso besser: die Kirche. Sie ist zu einem Instrument des Machtapparats geworden.«

Wie sie die aktuelle politische und wirtschaftliche Lage Russlands insgesamt beurteilen, frage ich das junge Paar. »Wenn ich zurückblicke auf die 1990er-Jahre, dann muss ich sagen, dass wir wirtschaftlich und in der Sicherheitspolitik große Fortschritte gemacht haben«, meint Iwan: »Natürlich gibt es immer Fehler und man kann einiges besser machen. Aber insgesamt geht es uns diesbezüglich doch ziemlich gut. Auch, was den Status Russlands auf der Weltbühne betrifft.« Die gesellschaftliche Entwicklung im Land mache ihm aber große Sorgen: »Dieser unsägliche Patriotismus, der jetzt herrscht. Der eigentlich gar kein Patriotismus ist, sondern etwas ganz anderes. Eine Ideologie, die hauptsächlich gegen etwas ist und etwas ablehnt. Ob innerhalb des Landes oder außerhalb. Die keine alternative Sichtweise zulässt. Das stört mich extrem.« Julia stimmt ihrem Mann zu: »Manchmal habe ich das Gefühl, dass wir mit diesem Patriotismus, diesem Staat und dieser Kirche auf einen Abgrund zurasen. Ich versuche zu verstehen, wohin wir steuern, wie die Zukunft aussieht. Aber es gelingt mir nicht. Also versuche ich, mit der Politik einfach nichts zu tun zu haben. Mir eine kleine, gemütliche Welt zu schaffen mit einem Kreis von

Gleichgesinnten um mich herum. Und lebe in einem Kokon.«
Darüber diskutiere er häufig mit seiner Frau, stimmt Iwan
zu: »Ich habe das Gefühl, als ob wir hier in einer Art Reservat
leben würden, einem kleinen Paris oder Barcelona. Uns geht
es hier gut, wir leben ganz gemütlich und werden auch in
Ruhe gelassen. Solange wir den Mund halten, natürlich. Und
rundherum existiert der Rest des Landes mit dem Präsidenten an der Spitze. Ein seltsames Gefühl.« Aber das sei eben
Demokratie: »Ich sehe doch, dass die Mehrheit der Bevölkerung diese Entwicklung moralisch unterstützt. Ihnen gefällt
es und sie fühlen sich gut dabei. Sie mögen den Fußabstreifer
mit dem Porträt des Präsidenten eines anderen Landes vor
ihrer Tür. Wir haben in unserem Land jene politische Führung, die von der großen Mehrheit der Menschen unterstützt
wird. Sie hat also das Recht, ihre Arbeit zu machen, und sie
tut es auch.«

Ob sie denn versuchen würden, auf eine andere Politik
hinzuwirken, eine, die ihnen näherstehe, frage ich Julia und
Iwan. Für welche Kandidaten sie bei Wahlen stimmen würden. Beide räumen ein, noch nie gewählt zu haben: »Du bist
35 und hast noch nie abgestimmt und ich mit meinen 30 auch
nicht«, meint Julia. Es sei doch ohnehin alles vorbestimmt,
begründet dies Iwan. Denn die Mehrheit der Bevölkerung
wähle die bestehende Obrigkeit. Er sehe daher keinen Sinn
darin, zur Urne zu gehen. »Es gibt auch keine wirkliche Alternative, keine oppositionellen Politiker, die uns begeistern«,
fügt Julia hinzu. Sie sei Pessimistin, fährt sie fort, und glaube
nicht daran, dass in naher Zukunft ein politischer Wechsel
im Land möglich sei: »Vor ein paar Jahren, als es die großen
Massenproteste gegen Putin und die Wahlfälschungen gegeben hat, dachte ich, es könnte sich etwas ändern. Aber dann
sind die Proteste niedergeschlagen worden und die Hoffnungen waren wieder vorbei.«

Man werde mit der Zeit sehr pragmatisch und habe keine Illusionen mehr, meint Iwan resignierend. Es werde weiterhin alles so bleiben, wie es schon immer gewesen sei: »Russland wird in seiner Größe und mit seinen wunderbaren Errungenschaften, seiner Kultur und seinen Poeten und seinen im Großen und Ganzen wunderbaren Menschen existieren wie bisher. Auch die Gesellschaft wird so bleiben, wie sie es seit jeher war: mit einer großen Masse von Menschen, die, ohne viel zu hinterfragen und zu denken, vor sich hin arbeiten. Und mit einer Intelligenzija, die stets in der Opposition ist, dauernd mit Schwierigkeiten kämpft und trotz allem an die Zukunft des Landes glaubt.«

An welche Zukunft denn Julia und Iwan Marjucha glauben, möchte ich wissen, als junge Unternehmer, Eltern und nicht zuletzt für ihr Heimatland. Julia zögert mit der Antwort. Was Russland angehe, so gebe es im Moment keine positive politische Agenda, keine zukunftsorientierte Politik: »Wir leben ideologisch von der Vergangenheit. Vom Sieg nach dem Zweiten Weltkrieg, vom ersten Menschen, den wir in den Kosmos geschickt haben. Man will uns damit wohl sagen, dass wir ohnehin schon die Besten sind und nirgendwohin mehr streben müssen. Im Gegenteil, alle anderen müssen uns erst einholen.« Julia seufzt. Und worauf hoffe sie für ihre Familie, frage ich nach. »Ich versuche, meine Kinder zu eigenständig denkenden Menschen zu erziehen. Die frei sind von Vorurteilen und Grenzen. Und die überall auf der Welt leben können, an jedem Ort, an dem sie sich wohlfühlen.« Apropos Orte irgendwo auf der Welt: Haben Julia und Iwan daran gedacht, auszuwandern, wie viele andere junge Russen? Und vielleicht woanders ein Café zu eröffnen?, möchte ich wissen. Ja, mit dem Gedanken hätten sie schon gespielt, sagt Iwan. Konkret sei diese Idee aber nicht. »Unser Land unterscheidet sich in einem ganz wesentlichen Punkt von anderen Staaten, etwa in Europa: Du weißt nie, was morgen passiert. Das ist eine Grundregel unseres Lebens, die nicht erst heute entstanden ist und nichts mit der aktuellen Politik in Russland zu tun hat. Daher werden keine langfristigen Verträge und Kredite abgeschlossen und keine langfristigen Versprechen gegeben. Und daher kann man auch nicht planen.«

Iwan verabschiedet sich und wendet sich wieder den Gästen im Café zu, während Julia sich eine Schürze umbindet und hinter die Theke in die offene Küche eilt. Wo schon ein Stapel neu eingetroffener Bestellungen für ihre Torten wartet.

»Ich möchte eines Tages in einem freien, vielfältigen und strahlenden Russland leben.«

Renat Dawletgildejew, Journalist, Moskau

Es ist ein heißer Sommertag im Juli 2014. Einer jener Tage, an denen die Luft über den Straßen Moskaus vor Hitze flimmert. Im schicken ehemaligen Industrieviertel »Roter Oktober« im Stadtzentrum flüchten die Menschen unter die schattigen Sonnenschirme der Café-Terrassen. Der sowjetische Name des Viertels stammt von einer Schokoladenfabrik, die früher hier ansässig war und inzwischen ihre Produktion aus dem Moskauer Zentrum abgesiedelt hat. Heute beherbergen die roten Backsteingebäude der früheren Fabrik Nachtclubs, Restaurants, Galerien und junge Medienunternehmen. Eines von ihnen ist der Fernsehsender »Doschd«, auf Deutsch übersetzt »Regen«. Ich bin unterwegs zu seinen Sendestudios, um dort zu filmen und mit Journalisten zu sprechen. Wir planen ein Porträt des in der russischen Medienlandschaft nicht ganz alltäglichen Fernsehkanals. Wobei die Zeit drängt: In wenigen Tagen muss »Doschd« seine Räumlichkeiten im »Roten Oktober« verlassen, neue Studios hat er bisher nicht gefunden. Der Vermieter des Gebäudes hat unerwartet den Mietvertrag mit »Doschd« nicht mehr verlängert. Offiziell bestätigt es niemand, aber es ist ein offenes Geheimnis, dass die Kündigung aus politischen Gründen erfolgt ist. »Doschd« ist mit seiner unabhängigen, oft kremlkritischen Berichterstattung der russischen Führung ein Dorn im Auge.

Als wir die Redaktion des Senders betreten, stolpern wir über die zahlreichen Umzugskartons, die halb gefüllt auf dem Boden stehen. Aus den Schachteln ragen Aktenordner, Kleiderbügel, Arbeitsgeräte. Daneben zusammengerollte Teppiche, auseinandergeschraubte Leuchten und Studio-Paneele. Doch im Nachrichtenstudio herrscht noch immer Hochbetrieb. Ein junger Moderator führt durch eine News-Sendung, die, wie meistens in diesen Tagen, von Ereignissen in der Ukraine dominiert wird. Die Annexion der Krim durch Russland liegt wenige Monate zurück und im ostukrainischen Donbass liefern sich von Moskau unterstützte Rebellen und die ukrainische Armee heftige Gefechte. Im Regieraum, der durch eine Glaswand vom Sendestudio getrennt ist, verfolgt Renat Dawletgildejew auf zahlreichen Bildschirmen die Sendung und gibt durch ein Mikrofon dem Studio-Kameramann und dem Nachrichtenmoderator knappe Anweisungen. Als er uns sieht, bedeutet er uns mit den Händen, dass er uns nach dem Ende der Sendung für das vereinbarte Interview zur Verfügung steht.

Warum der Sender so plötzlich und überraschend aus den gemieteten Räumlichkeiten ausziehen muss, frage ich den erst 28-jährigen stellvertretenden Chefredakteur von »Doschd« zu Beginn unseres Gesprächs. »Wegen politischer Interventionen, Anrufen aus der Regierung. Das gibt unser Vermieter hinter vorgehaltener Hand sogar zu«, erzählt Dawletgildejew. Die für Medien und Innenpolitik zuständigen Politiker im Kreml würden glauben, dass Medien ein Propaganda-Instrument des Staates seien und dessen Interessen zu vertreten hätten. Seit der international verurteilten Annexion der Krim und dem Ausbruch des blutigen Konflikts in der Ostukraine sind vor allem die staatlich gelenkten russischen Fernsehkanäle zu regelrechten Waffen in einem Informationskrieg geworden, die keine eigentlichen

Nachrichten senden, sondern das, was der Kreml für politisch opportun hält. »Ein Teil unserer politischen Elite glaubt, dass wir in einer Art Kriegszustand sind und die Medien nun ein neues Nationalbewusstsein schaffen müssen. Wer nicht berichtet, dass die Krim-Annexion eine richtige Entscheidung von Präsident Putin war, ist ein Feind des Staates.« »Doschd« mache hier aber nicht mit, sagt Dawletgildejew kopfschüttelnd. »Wir sind keine Propagandamaschine, sondern einfach ein Nachrichtenkanal, der sagt, was zu sagen ist.«

Renat Dawletgildejew erinnert an den vor Kurzem im Staatsfernsehen gesendeten Bericht über einen angeblich gekreuzigten Buben in der Ostukraine. Ein Fall glatter Lüge, der in diesen Tagen weit über Russland hinaus für Schlagzeilen sorgt. Ein russischer Staatssender hatte ein Interview mit einer aus der Ostukraine geflüchteten Frau ausgestrahlt, die in die Kamera erzählte, dass in einem ostukrainischen Ort ein kleiner Bub von Soldaten der ukrainischen Armee gekreuzigt worden sei. Der Bericht löste in Russland blankes Entsetzen aus. Während die Öffentlichkeit hitzig über die angebliche Grausamkeit der ukrainischen Soldaten gegenüber ihren russischsprachigen Mitbürgern im Osten des Landes debattierte, schickte »Doschd« zwei Journalisten in die Ostukraine, um nachzuforschen. Diese stellten fest, dass in dem Ort, in dem die angebliche Kreuzigung stattgefunden hatte, niemand davon gehört hatte. Der Bericht im russischen Fernsehen war schlichtweg erfunden. »Wir sind kein Oppositionskanal, auch wenn das viele sagen«, betont Renat Dawletgildejew. »Wir laden sowohl Vertreter der Regierungspartei als auch der Opposition in unsere Sendungen ein. Wir versuchen einfach, alle Seiten eines Konflikts oder einer Story zu zeigen und den Dingen auf den Grund zu gehen.« Nichts anderes als ganz normaler Journalismus sei das, fügt der junge

Sendungsmacher hinzu. Journalismus, der aber der russischen Führung nicht gefällt.

Die Schikanen gegen den Sender haben allerdings schon lange vor dem Ukraine-Konflikt und dessen Auswirkungen auf die russische Medienberichterstattung begonnen. Im Winter 2013 warfen die russischen Kabel- und Satelliten-Anbieter »Doschd« aus ihrem Netz. Wohl nicht zufällig zu einem Zeitpunkt, als der TV-Kanal beim urbanen Mittelschicht-Publikum immer beliebter wurde. Größere Bekanntheit erlangte der Sender, der 2010 den Betrieb aufgenommen hat, erstmals im Winter 2011/2012, als in Russlands großen Städten Zigtausende Menschen auf die Straße gingen, um gegen die Fälschungen bei der Parlamentswahl zu protestieren. »Doschd« strahlte damals als zunächst einziger russischer TV-Sender Berichte, Reportagen und Analysen über diese Demonstrationen aus. Die staatlich gelenkten TV-Kanäle schwiegen diese größten regierungskritischen Kundgebungen seit dem Zusammenbruch der Sowjetunion eine Zeitlang tot.

Heute ist »Doschd« nur noch als Bezahlsender im Internet zu empfangen, die Werbeeinnahmen sind nach dem Hinauswurf aus dem Kabelnetz eingebrochen. Das Budget sei auf die Hälfte geschrumpft und viele Mitarbeiter seien gekündigt worden, erzählt Dawletgildejew. Und jetzt folge auch noch die Kündigung der gemieteten Räumlichkeiten. Noch ist völlig offen, wie »Doschd« weiterarbeiten wird, zumal bei einer längeren Unterbrechung des Betriebs die Aberkennung der Sendelizenz droht. Aufgeben wolle die junge Mannschaft jedenfalls nicht, gibt sich Dawletgildejew kämpferisch. Auch wenn man noch keine neue Adresse gefunden habe und finanziell ums Überleben kämpfe. »Wir werden eben versuchen, noch günstiger zu produzieren. Vielleicht mit neuen Formaten. Einem Mix aus Telefoninterviews und Twitter. Das ist bei manchen Sendern im Ausland schon üblich, aber das

Ljudmila Alexejewa, Menschenrechtsaktivistin, Moskau

Wassilij Slonow, Krasnojarsk, vor seiner satirischen »Werbekampagne«
für die Olympischen Spiele in Sotschi

Wassilij Slonow, Künstler, Krasnojarsk, Sibirien

Margarita Siangirowa, Journalistin, Omsk, Sibirien

Alexander Rojenko, Bauer, Sibirien

Alla Rojenko, Bäuerin, Sibirien, in ihrer Sennerei

Julia und Iwan Marjucha, Unternehmerpaar, Moskau, vor ihrem Café

Renat Dawletgildejew, Journalist, Moskau

Makar Wichljanzew, Putin-Propagandist, Moskau

Sarina Ametowa, Menschenrechtlerin, Krim

Jewgenij Repenkow, prorussischer Fußballmanager, Krim

Pawel Schelkow, Putin-Kritiker, Moskau

Jurij Fidelgolz, Pensionist und ehemaliger Gulag-Häftling, Moskau

russische Publikum ist eher konservativ.« Es werde trotzdem schon irgendwie weitergehen, zeigt sich Dawletgildejew optimistisch. Als wir uns verabschieden, erzählt er, dass er ein Job-Angebot eines ukrainischen Senders erhalten habe. Er könnte als Korrespondent in den USA arbeiten. Ein reizvolles Angebot für einen jungen Journalisten, vor allem angesichts der ungewissen Zukunftsaussichten seines jetzigen Arbeitgebers. Wann er mit dem neuen Job beginne, frage ich ihn. »Vor ein paar Tagen ist das gebuchte Flugzeug ohne mich nach Washington geflogen«, antwortet Dawletgildejew lachend. »Kurz vor dem Abflug habe ich gemerkt, dass ich nicht weg kann. Ich kann jetzt nicht ins Ausland ziehen. Ich möchte in Moskau sein, in Russland. Und hier etwas verändern.«

Als ich im Dezember 2016 Renat Dawletgildejew wieder treffe, sind gut zwei Jahre seit unserem letzten Gespräch vergangen. Wir haben uns in einem Café auf dem Gelände einer ehemaligen Glasfabrik etwas außerhalb des Moskauer Stadtzentrums verabredet. Ähnlich wie im »Roten Oktober« wurden die ehemaligen Produktionsstätten zu einem hippen Design- und Büroviertel umfunktioniert. Auch »Doschd« ist hierhergezogen. Zuvor hatte die Redaktion nach dem Hinauswurf aus den früheren Räumlichkeiten längere Zeit vergeblich nach neuen Vermietern gesucht und kurzerhand aus einer Privatwohnung gesendet.

Renat Dawletgildejew eilt gerade aus der Aufzeichnung einer abendlichen Polit-Talkshow, für deren Produktion er verantwortlich ist. Mittlerweile ist er nicht mehr stellvertretender Chefredakteur des Senders und dort nur mehr halbzeit-beschäftigt. Er pendelt jetzt zwischen Moskau und Prag, wo er am Aufbau eines russischsprachigen Internet-Fernsehsenders mitarbeitet. »Ich habe meine Ankündigung, aus Russland nicht wegzuziehen, also nur halb eingehalten«, schmunzelt er. »Aber der Grund ist nicht, dass ich hier weg möchte. Es ist spannend, in unterschiedlichen Ländern Erfahrungen zu sammeln. Eines Tages komme ich ganz zurück.« Der Internetsender, für den er jetzt arbeite, richte sich vor allem an die russischsprachige Diaspora in Europa, so Dawletgildejew. »Man muss doch der Propaganda der russischen Staatssender auch im Ausland etwas entgegensetzen. Die Russen, die in Europa leben, verfolgen oft nur die Nachrichten in den staatlichen russischen TV-Kanälen. Sie übernehmen deren Argumentation, schimpfen gegen den Westen und finden Präsident Putins Politik großartig«, meint Dawletgildejew. »Ich frage mich nur, warum sie denn als ›wahre Patrioten‹ lieber in Europa leben und nicht zurück nach Russland kommen, um ihren Präsidenten hier zu unterstützen.«

Bevor er sich dem Aufbau des Senders widmete, war Dawletgildejew für die Plattform »Offenes Russland« von Michail Chodorkowski ebenfalls in Prag tätig. Der ehemalige Ölmagnat, reichste Mann Russlands und Putin-Kritiker wurde nach international umstrittenen Gerichtsverfahren wegen Steuerhinterziehung und Unterschlagung verurteilt. Ihm dürften seine politischen Ambitionen und dass er offen die Opposition Putins finanziert hatte, zum Verhängnis geworden sein. Ende 2013 wurde Chodorkowski nach zehn Jahren Lagerhaft von Präsident Putin begnadigt. Seither lebt er im Exil, derzeit in London. Nach seiner Entlassung gründete Chodorkowski die Stiftung und soziale Plattform »Offenes Russland«, mit der er die Entwicklung einer mündigen Zivilgesellschaft in seinem Heimatland unterstützen will und unter anderem russische Oppositionelle fördert. Auch in Prag war eine Zeitlang ein Büro der Plattform angesiedelt. Renat Dawletgildejew hat für das Chodorkowski-Projekt unter anderem an der Produktion mehrerer Filme mitgewirkt. Darunter ist eine Dokumentation über den russischen Oppositionspolitiker Boris Nemzow, der 2015 unmittelbar neben dem

Kreml in Moskau erschossen wurde – ein Verbrechen, das bisher nicht aufgeklärt wurde. Oder ein Film über das brutale Regime des tschetschenischen Präsidenten Ramsan Kadyrow. Eine spannende Zeit sei das gewesen, erinnert sich Dawletgildejew. Letzten Endes aber sei das Projekt von Chodorkowski nicht das Richtige für ihn gewesen. Auch er wolle helfen, Russlands Gesellschaft zu verändern, offener und freier zu machen. Allerdings nicht durch den Aufbau von Oppositionskandidaten. »Das geht doch am Leben, an dem, was die Menschen hier wirklich beschäftigt, vorbei! Deshalb bekommen die Kandidaten, die von Chodorkowski unterstützt werden, ja auch kaum Stimmen bei den Wahlen«, meint Dawletgildejew.

Es sei gut, dass sich jemand um die Förderung der schwachen politischen Opposition in Russland kümmere, aber er persönlich wolle eher eine Art Aufklärungsarbeit leisten. Vor allem bei jungen Menschen, erklärt Dawletgildejew. Er sucht einen Moment lang nach passenden Worten, als ich nachfrage, was er konkret damit meint. »Das Problem liegt so tief in Russland, dass oberflächliche politische Arbeit nicht wirkt. Man muss vielmehr die Gehirne der jungen Leute erreichen, die nach 17 Jahren Putin atrophiert sind. Sie müssen erst lernen, wie eigenständiges und breiteres Denken überhaupt geht.« Die heute 18-Jährigen, die bei den nächsten Präsidentschaftswahlen 2018 abstimmen würden, hätten noch nie ohne Putin gelebt. Eine völlig neue Generation, die ihre eigene Sprache habe und in sozialen Netzwerken lebe. »Diese jungen Leute haben oft nationalistische und homophobe Ansichten. Mit ihnen muss man reden, damit sie auch andere Positionen als ihre hören und ihr Meinungsspektrum ein wenig breiter wird.« Medien wie »Doschd«, die nicht unter staatlicher Kontrolle stehen, seien in Russland nicht in der Lage, ein Massenpublikum zu erreichen, gesteht Dawletgildejew ein. Aber er habe es sich auch im Alltagsleben zur Aufgabe gemacht, auf junge Leute einzuwirken. »Zum Beispiel, indem ich um mich herum gute Stimmung erzeuge, Partylaune sozusagen. Mit interessanten Leuten etwas unternehme oder einfach diskutiere. Zu Hause in der Küche, so wie in früheren Zeiten.« Dawletgildejew lacht, als er an die sowjetische Tradition erinnert, freimütige Gespräche im Familien- oder Freundeskreis hauptsächlich in der Küche zu führen. »Damals haben junge Intellektuelle die Dissidentenbewegung gegründet. Warum soll das heute nicht möglich sein? Eine neue, denkende Elite zu schaffen. Es müssen ja nicht viele sein.« Oft verlege er solche Diskussionen aber von der Küche in Bars oder Nachtclubs, erzählt Dawletgildejew. Feiern und politische Debatten würden sich ja nicht ausschließen, meint er schmunzelnd. Im Gegenteil, so lerne er immer wieder neue junge Menschen kennen, mit denen er ins Gespräch komme.

»Nicht alle jungen Menschen in Russland sind begeistert von dem, was im Land passiert. Die heute 20-Jährigen interessieren sich zwar nicht für Politik und kennen kaum einen Politiker beim Namen. Aber sie spüren, dass etwas falsch läuft und dass ihre Rechte immer mehr beschnitten werden. Es stört sie, dass Krankenhäuser zugesperrt werden und dass keiner sie um ihre Meinung gefragt hat, als Putin die Krim annektiert und das russische Militär nach Syrien geschickt hat.« Diese jungen Leute seien nachdenklich und voller Zweifel, meint Dawletgildejew. Und lacht: »Ob zwischen zwei Drinks in einer Bar oder sonst irgendwo: Diese Debatten sind wichtig. Immerhin sind das die Leute, die die politische Zukunft Russlands mit entscheiden.«

Besonders wichtig sei ihm, die starren Schablonen in den Köpfen vieler junger Menschen aufzuweichen, betont Dawletgildejew. Zum Beispiel jene, dass die 1990er-Jahre, die Zeit nach dem Zusammenbruch der Sowjetunion, vielen als Jahrzehnt der Anarchie, der Banditen und gierigen Oligarchen in Erinnerung bleiben. Als Alptraum, der erst durch den Amtsantritt von Präsident Putin im Jahr 2000 beendet worden sei, der dem Land wieder Stabilität gebracht habe. »Was auch immer die Regierungspolitiker heute sagen, die 1990er-Jahre waren die Zeit der größtmöglichen Freiheit. Ich war damals ein Jugendlicher und erinnere mich sehr gut. Nie mehr seither waren die Menschen in Russland so frei.« Ich werfe ein, dass für viele Russen die 1990er-Jahre aber auch bittere Armut bedeutet hätten, weil Jobs verloren gingen und oft keine Gehälter ausbezahlt wurden. Und Chaos, weil staatliche Strukturen schlecht funktionierten. Renat Dawletgildejew nickt. Ja, es sei damals nicht allen wirtschaftlich gut gegangen. »Aber tut es das heute unter Putin? Geht es wirklich allen gut? Nein. Daher braucht es auch die aktuelle Polit-Propaganda. Die sagt, dass wir wieder eine Supermacht sind und unseren Einfluss weltweit ausbauen. Dass uns die Krim gehört und wir im Syrien-Krieg mitmischen.« Das Muster ähnle dem in der Zeit der Sowjetunion. Auch damals habe man dem Volk quasi als Ersatz für Wohlstand eine Großmacht-Ideologie geboten. »Es gibt keine Wurst im Kühlschrank, dafür haben wir Atomwaffen, hat es damals geheißen«, meint Dawletgildejew, und seine Stimme klingt bitter. »Heute ist es doch das Gleiche. Jetzt heißt es eben: Dafür kämpfen wir in Syrien.«

Woher stammt eigentlich sein Wunsch, beruflich und im privaten Alltagsleben fast schon beharrlich zu einer mündigeren Zivilgesellschaft in Russland beitragen zu wollen?, frage ich Dawletgildejew. Im Unterschied zu vielen Altersgenossen, die weder politisch noch gesellschaftlich besonders aktiv seien, und oft Russland den Rücken kehren, wenn sie die Möglichkeit haben, im Ausland eine Existenz aufzubauen. Er sei schon durch sein liberales Elternhaus politisch geprägt worden, erzählt Dawletgildejew. Aber so richtig angefangen habe alles während seines Studiums der Politikwissenschaften an der renommierten Moskauer Hochschule für Wirtschaft. »Es waren lauter liberale Professoren dort«, erinnert er sich. »Manche sind jetzt noch da und versuchen, gegen die momentanen politischen Entwicklungen Widerstand zu leisten.« Im Jahr 2003 habe Präsident Putin begonnen, die Schrauben anzuziehen. Der damalige Eigentümer des Ölkonzerns Yukos, Michail Chodorkowski, sei verhaftet und das Unternehmen verstaatlicht worden. »In meinem Umfeld hat Aufstandsstimmung geherrscht, auch an meinem Institut. Wir sind auf Protestdemonstrationen gegangen und ich bin in liberale Jugendbewegungen eingetreten.« Gleichzeitig habe der Kreml zu dieser Zeit seine eigenen, linientreuen Jugend-Propagandabewegungen geschaffen, mit denen man auf der Straße zuweilen auch gewaltsam zusammengestoßen sei. »Wir mussten doch gegen diese Veränderungen Widerstand leisten, die für unser Land nicht gut sind. Bevor es zu spät ist.« 13 Jahre seien seither vergangen, sinniert Dawletgildejew. Und zieht eine nicht allzu rosige Bilanz. »Seither ist alles noch viel schlimmer geworden. Die Obrigkeit hat erreicht, was sie wollte, und hat die Gesellschaft in ihrem Sinne beeinflusst. Wir haben das nicht.«

Er zweifle manchmal selbst an den Erfolgsaussichten seines Engagements, das er heute nicht mehr auf der Straße, sondern in persönlichen Gesprächen ausübe, meint Dawletgildejew. In Russland gehe eben alles sehr langsam. »Aber es gibt sie, die gebildete, kreative und intelligente Elite«, meint er, als ob er sich selbst aufmuntern wollte. »Diese Leute sind eine Minderheit, klar. Aber es sind dennoch Tausende. Sie alle unterstützen Putin nicht und könnten der Pfeiler einer denkenden Gesellschaft werden, die nicht mehr auf alles pfeift.«

Vorerst werde aber wohl Wladimir Putin im Jahr 2018 noch einmal zu den Präsidentschaftswahlen antreten und diese auch gewinnen. 2024, nach der nächsten und vierten Amtsperiode Putins als Staatspräsident, sei aber alles offen, hofft Dawletgildejew. Jede Staatsmacht nütze sich irgendwann endgültig ab und müsse erneuert werden. Er hoffe nur, dass Putin das dann auch so sehe. »Ich wünsche mir, dass er Russland dann ziehen lässt. Und nicht mehr auf das Land schaut wie ein Vater auf sein Kind, dem er nicht zutraut, dass es etwas alleine tun kann. Nur dann haben wir eine Chance, dass jemand Neuer kommt. Wenn schon nicht gleich einer mit einer europäischen Sichtweise, so zumindest einer mit mehr Offenheit. Der nicht nur am eigenen Machterhalt interessiert ist.«

Aber ist es nicht eher wahrscheinlich, dass im jetzigen politischen System, das keine liberale Opposition zulässt, dem alten ein neuer Putin nachfolgt?, frage ich Dawletgildejew. Nur mit einem anderen Namen? Nein, nicht unbedingt, antwortet er. Seiner Meinung nach sei die jetzige politische Elite im Land nicht an einem totalitären System interessiert. »Sie wollen kein abgeschottetes Russland mit einer Junta an der Spitze, die ihre Gegner auf dem Roten Platz erschießt. Ich denke, sie wollen einfach keinen zu radikalen Machtwechsel. Sie wollen, dass die Politiker, die als nächstes an die Macht kommen, ihnen garantieren, dass sie ihre Reichtümer behalten können und man sie nicht wegen ihrer Verbrechen ins Straflager steckt.«

Er hoffe sehr, den Zeitpunkt zu erleben, an dem Russland ein freies und offenes Land sei, meint Dawletgildejew. »Vielleicht in zehn Jahren, dann bin ich 40 und habe noch viel vor mir«, sinniert er. Wie denn ein solches Russland in seinen Augen aussehe, möchte ich wissen. »Ein freies, vielfältiges, modernes und strahlendes Land. In dem sich die Menschen nicht eingeschränkt fühlen, weder in ihrem Verhalten noch in ihrem Denken«, meint Dawletgildejew. »Wo keiner Angst vor der Staatsmacht haben muss. Angst, dass man ihm sein

Unternehmen wegnimmt oder ihn die Polizei auf der Straße verprügelt und er das niemandem beweisen kann. Oder wo man zu jahrelangem Straflager verurteilt wird, nur weil man friedlich und allein beim Kreml eine politische Mahnwache hält.« Heute bestehe die herrschende politische Elite in Russland aus drei Kategorien, urteilt Dawletgildejew: Beamte, die stehlen würden, Unternehmer, die das Staatsbudget aussaugten und ein riesiger Apparat von Polizei- und Geheimdienstleuten. Sie alle hätten eines gemeinsam: Sie seien unantastbar und könnten tun und lassen, was sie wollten. »Natürlich gibt es auch für uns normale Menschen eine Art sichtbare Freiheit. Sie bedeutet, dass mir nichts Schlimmes passiert, wenn ich nicht groß auffalle. Ich will aber das Recht haben, aufzufallen.«

Während ich diesen Text schreibe, sorgen neuerliche regierungskritische Proteste in Russland für Schlagzeilen. Es sind die ersten größeren Kundgebungen seit den Massenprotesten im Winter 2011. In zahlreichen Städten von Moskau bis Wladiwostok sind Tausende Russen, unter ihnen viele Studenten und Schüler, auf die Straße gegangen, um gegen die grassierende Korruption der politischen Elite zu protestieren. Sie sind einem Aufruf des Oppositionellen Alexej Nawalny gefolgt, der bei den Präsidentschaftswahlen gegen Wladimir Putin antreten will. Die Polizei nahm Hunderte Teilnehmer der friedlichen Kundgebungen fest, da diese meist nicht behördlich genehmigt waren. Wahllos und oft gewaltsam wurden die Demonstranten in die Polizeiwagen gezerrt, oft auch junge Leute, die nicht an den Protestaktionen teilnahmen, sondern nur zufällig in der Nähe standen. Zum freien Russland, auf das Renat Dawletgildejew hofft, dem Land, in dem man ungestraft auch regierungskritisch auffallen darf, scheint der Weg noch weit.

»Alle haben auf Russland herabgesehen. Dann ist Putin gekommen und hat gesagt: Hier sind wir. Mit uns muss man wieder rechnen.«

Makar Wichljanzew, Pro-Putin-Propagandabewegung, Moskau

Schon von Weitem sichtbar leuchtet der Schriftzug »Set« an der Fensterfront im obersten Stockwerk eines runden Backsteinturms im Moskauer Stadtzentrum. Hier ist die Zentrale der putintreuen Jugendbewegung untergebracht, deren Bezeichnung »Set« auf Deutsch »Netzwerk« bedeutet. Eine teure Adresse, ist doch die ehemalige Gasfabrik, zu der der Turm gehört, inzwischen zu einem sehr gefragten Geschäftsviertel umgebaut worden. Die Jugendbewegung hat das ganze oberste Stockwerk gemietet. Geld scheint keine große Rolle zu spielen, denke ich, als wir mit dem Kamerateam das weitläufige, kreisrunde Loft mit großer Fensterfront betreten, das wie eine Mischung aus Redaktion einer Hochglanzzeitschrift, Büro für junge Computerfreaks und Künstlerwerkstatt wirkt. Allerdings mit klarer politischer Ausrichtung. Die Wände sind fast vollständig zugepflastert mit überlebensgroßen Fotos und Bildern von Präsident Putin: Putin in Militäruniform. Putin in einem Bärenkostüm. Putin im Anzug. Putin mit drohendem Gesichtsausdruck. Putin milde lächelnd. Auf Staffeleien stehen gar Ölbilder mit knallfarbigen Porträts des russischen Präsidenten zum Trocknen. Eine junge Künstlerin beendet gerade mit kräftigem Pinselstrich ein weiteres

Ölbild mit dem Gesicht des russischen Präsidenten in Groß-format. Warum sie ausgerechnet Wladimir Putin als künstle-risches Motiv gewählt habe, frage ich sie. Die Bilder seien Auf-tragsarbeiten, erklärt Julia, die junge Malerin: »Porträts von Putin sind sehr gefragt im Moment. Ein echter Trend.« Hat sie also vor allem kommerzielles Interesse an dieser Arbeit? »Nein, sicher nicht.« Julia schüttelt lachend den Kopf: »Kein Künstler kann etwas malen, wenn es ihm nicht gefällt. Pu-tin ist mir auch persönlich sympathisch, ich finde, es ist ein schöner, starker Mann. Und er hat ein sehr positives Image. Man malt ihn einfach gerne. Oder möchte zum Beispiel sein Bild auf der Handyhülle haben.« Ich frage Julia, warum in ihren Augen ausgerechnet der russische Präsident solchen Kultstatus genieße. In anderen Ländern würde es kaum je-mandem einfallen, den Staatschef auf Handyhüllen oder T-Shirts abzudrucken. Julia zögert. Politik interessiere sie eigentlich gar nicht, meint sie. »Aber es stimmt schon, es gibt momentan eine patriotische Welle in Russland. Das betrifft nicht nur Putin. Auch Motive aus der russischen Volkskunst sind in der Mode und im Design wieder sehr gefragt. Es ist einfach schick, sich als Patriot zu fühlen.«

Den russischen Patriotismus hat auch die kremltreue Ju-gendbewegung »Set« zu ihrem Leitmotiv erkoren. Zwischen die Bilder mit dem russischen Präsidenten wurden aller-lei nationalpatriotische Slogans mit großen Lettern auf die Wände gemalt: »Russland ist unbesiegbar. Das zeigt seine jahrhundertealte Geschichte«, lautet einer davon. Die jun-gen Leute in Kapuzenjacken, die mit Kopfhörern im Ohr und dampfenden Kaffeebechern in der Hand durch das Büro ei-len, wirken hingegen eher wie aus einem amerikanischen und nicht aus einem russischen Film. Einer von ihnen ist der Mathematikstudent Pawel Machnjow, der gerade auf seinem Laptop Videoclips schneidet. Später wird er sie im Internet veröffentlichen. Ganz unterschiedlich seien diese Clips und mit völlig unterschiedlichen Botschaften, erzählt Machnjow. Derzeit bastle er an einer Art Werbespot, der junge Russen zu einer gesunden und sportlichen Lebensweise anspornen soll. »Aber es gibt auch Clips mit politischen Botschaften. Wichtig ist nur eines: Die Filme müssen patriotisch sein.« Ob die Clips auch für ausländisches Publikum gedacht seien, möchte ich wissen. Ja, meint Machnjow und zeigt uns ein kurzes Video auf YouTube, das eigens für Internet-User im Westen konzipiert wurde. Zu sehen ist das Weiße Haus in Washington, über dessen Fassade in rascher Abfolge Bilder von russischen Panzern und Soldaten laufen. »Es sind Aufnahmen einer historischen Militärparade auf dem Roten Platz«, erklärt Pawel Machnjow. Produziert habe er die Videomontage anlässlich des »Tags des Sieges« am 9. Mai 2015.

An diesem Tag feierte Russland den 70. Jahrestag des Sieges über Hitler-Deutschland. Präsident Putin hatte Spitzenpolitiker aus aller Welt eingeladen, um gemeinsam mit ihm die traditionelle und in diesem Jahr besonders pompöse Militärparade auf dem Roten Platz abzunehmen. Was zahlreiche westliche Politiker angesichts der Annexion der Krim und Russlands militärischer Unterstützung für die Separatisten im blutigen Konflikt in der Ostukraine für unpassend hielten und nicht nach Moskau reisten. Zumal die traditionelle »Siegesparade« auf dem Roten Platz in den letzten Jahren viel mehr einer reinen Leistungsschau der russischen Rüstungsindustrie glich als einer Gedenkfeier für die Opfer des Zweiten Weltkriegs. Der damalige US-Präsident Obama war an diesem Tag einer der großen Abwesenden. Er hatte auch anderen Staatschefs abgeraten, vor dem Hintergrund der jüngsten militärischen Aggressionen gegen die Ukraine mit Präsident Putin eine Militärparade abzunehmen. »Wenn Obama nicht zu uns kommt, um mit uns den Sieg über den Faschismus zu würdigen, und auch andere Staatspräsidenten davon abhält, dann kommen eben wir mit unserer Parade zu ihm«, beschreibt der Student Machnjow die politische Botschaft der Panzer-Projektion auf die Wände des Weißen Hauses. Ob und wie diese Botschaft beim westlichen Publikum angekommen ist, bleibt unklar. Unbeachtet blieb der Clip jedenfalls nicht: Das Video wurde mehrere Hunderttausend Mal aufgerufen, sagt Makar Wichljanzew, der Mitbegründer der kremltreuen Jugendbewegung »Set«.

Er führt uns weiter durch die loftartigen Räumlichkeiten des Büros. An einem hohen Tisch, der an eine Bartheke erinnert, sind zwei junge Frauen um die zwanzig dabei, Stapel frisch gedruckter Fotokalender mit Frauenporträts in Packpapier zu wickeln und für den Versand fertig zu machen. »Das sind Geschenke für die russischen Soldaten in Syrien. Syrerinnen, die in Russland leben, haben sich fotografieren lassen und den Kalender für die Soldaten gestaltet. Als Dank für deren Einsatz«, erklärt Wichljanzew. Die russische Armee kämpft seit Herbst 2015 an der Seite von Machthaber Assad im syrischen Bürgerkrieg. Was im Westen als Unterstützung eines brutalen Diktators verurteilt wird, wird vom Kreml als Hilfe für einen legitimen Staatchef im Kampf gegen den Terrorismus bezeichnet.

»Sogar im Modebereich sind wir aktiv. Das da drüben stammt von russischen Designern«, lächelt Makar Wichljanzew und zeigt auf einen Kleiderständer, an dem Röcke, Blusen, T-Shirts und Kleider hängen. Auf einigen prangt das Konterfei von Präsident Putin. Die Kollektion sei schon auf mehreren Modeschauen in Russland gezeigt worden, meint Wichljanzew nicht ohne Stolz. Die Jugendbewegung »Set« habe das Ziel, junge, kreative Menschen aus unterschiedlichen Branchen zusammenzubringen, sagt er, die mit ihren Arbeiten, von Kleidern über Videoclips bis zu Kunstwerken, patriotische Botschaften und – natürlich – Unterstützung für Russlands Präsidenten bekunden.

Voraussetzung für die Zusammenarbeit mit »Set« ist bedingungslose Loyalität zu Wladimir Putin. So jedenfalls will es das sogenannte »Manifest« der Bewegung. Es ist eine Huldigung an den russischen Präsidenten, der als »Vater« des Landes bezeichnet wird, dem die junge Generation nun folgen soll, um mit ihm eine neue russische Gesellschaft zu schaffen. Ja, die Mitglieder der Bewegung würden Putin tatsächlich als eine Art Vaterfigur sehen, die es gut mit dem Land und der Gesellschaft meine und alles für deren Wohl zu tun versuche, sagt Wichljanzew. Er persönlich übrigens auch. Auf meine Frage, ob man beim Eintritt in die Bewegung einen »Treue- oder Loyalitätsschwur« ablegen müsse, antwortet Wichljanzew mit einem Kopfschütteln. Auch Instruktionen, was die jungen Mitglieder der Propagandabewegung nun zu produzieren hätten, gebe es nicht. »Alle, die hier sind, schätzen Präsident Putin und wissen selbst, was zu tun ist.« Wer die Jugendbewegung finanziert, will Makar Wichljanzew nicht verraten. Der Kreml sei es jedenfalls nicht. In russischen Medien wird spekuliert, dass staatsnahe russische Unternehmen die Bewegung sponsern.

Der 33-jährige Wichljanzew ist nicht neu im Putin-Propaganda-Geschäft. Er gehörte vorher der nationalpatriotischen Jugendbewegung »Naschi« (auf Deutsch: »Die Unseren«) an, die jahrelang mit Pro-Putin-Demonstrationen, fast schon blindem Fanatismus ihrer Mitglieder und zuweilen auch Prügeleien mit oppositionell Gesinnten für Aufsehen sorgte. Zuletzt ist es um diese Bewegung still geworden. Gemeinsam mit anderen ehemaligen »Naschi«-Mitgliedern gründete Makar Wichljanzew vor wenigen Jahren die neue putintreue Propagandabewegung »Set«. Die Bezeichnung »Netzwerk« ist nicht zufällig gewählt. »Die Zeiten, in denen politische Botschaften auf der Straße verbreitet werden konnten, sind endgültig vorbei«, erklärt Wichljanzew. Heute finde politischer Wettbewerb auf ganz anderen Plattformen statt: auf Filmfestivals, Modeschauen, bei Ausstellungen und vor allem im Internet. Wobei dort natürlich auch das ausländische Publikum angesprochen werde. Ob man die Meinung der westlichen Internet-User beeinflussen wolle und wenn ja, wie, möchte ich wissen. »Wir sind keine Internet-Trolle, die unter falscher Identität Postings und Kommentare verbreiten oder andere User beschimpfen. Wir verbreiten auch keine Fake News«, beeilt sich Wichljanzew zu betonen. »Aber wir befinden uns momentan weltweit in einem Informationskrieg. Und in diesem Krieg nehmen wir eine konkrete Position ein. Wir unterstützen Präsident Putin. Die jungen Leute im Westen sollen einfach erfahren, dass es auch diese Haltung gibt und warum wir hier in Russland Putin gut finden. Ob sie diese Meinung dann übernehmen, ist ihre Sache.« Auch wolle man den Altersgenossen im Westen zeigen, dass die Putin-Fans in Russland ganz normale junge Leute seien, die genauso lebten wie sie. Studenten, Künstler, Architekten.

Die wichtigste Zielgruppe, die die putintreue Bewegung ansprechen will, ist jedoch die einheimische, russische Jugend. Die Generation der 20-Jährigen, aus der auch die Mitglieder der Bewegung stammen. »Das ist eine völlig neue Generation. Sie ist ganz anders als wir, die wir früher bei ›Naschi‹ waren«, meint Wichljanzew. »Diese jungen Leute sind freier und europäischer als wir. Und sie sind praktisch mit dem Internet auf die Welt gekommen. Sie gehen ganz anders mit Informationen um als frühere Generationen. Sie müssen mit einer riesigen Nachrichtenflut im Netz zurechtkommen, müssen sie filtern und auf ihren Wahrheitsgehalt überprüfen. Sie sind intellektueller als wir.« Zudem, so Wichljanzew, seien die heute 20-Jährigen unabhängiger und selbstbestimmter. »Es ist wahrscheinlich die erste Generation überhaupt in der Geschichte Russlands, der nicht der Hungertod droht, wenn sie bereit ist, zu arbeiten. Noch bei meiner Generation war das nicht so. Als ich ein Bub war, war mein Vater Bürgermeister einer kleinen Stadt. Alles in Ordnung, würde man meinen. Aber wir haben trotzdem gemeinsam Kartoffeln angepflanzt, weil man nie gewusst hat, ob nicht plötzlich das Gehalt nicht mehr ausbezahlt wird. Das kann man sich heute kaum mehr vorstellen, wenn man einen Job hat.«

Was auch Präsident Putin zu verdanken sei, der dem in den 1990er-Jahren krisengeschüttelten Russland Stabilität gebracht habe. »Das ist in meinen Augen sein größtes Verdienst: dass er Russland Jahrzehnte ohne Krieg und Erschütterungen gebracht hat. Damit sich die Gesellschaft erholen kann.« Makar Wichljanzew macht aus seiner Begeisterung für den russischen Präsidenten keinen Hehl: »Ich bin ein gestandener Mann, mich kann man nur schwer überraschen. Aber Putin schafft es immer wieder. Und er inspiriert mich als Mensch und wie er das Land führt. Oft denke ich mir: Super, toller Typ! Ich finde es gut und richtig, wenn man so von seinem Präsidenten denkt.« Als Beispiel für ein solch inspirierendes Verhalten von Wladimir Putin nennt Wichljanzew die diesjährige Ansprache des Präsidenten zum Internationalen Frauentag am 8. März. Putin trug zu diesem Anlass ein Gedicht zu Ehren der Frauen vor, was vom Staatsfernsehen in alle russischen Haushalte übertragen wurde. »Das ist doch etwas Wunderbares!«, so Wichljanzew. »Ein Mann, noch dazu ein Offizier, der ein Gedicht vorträgt: Er ist schutzlos und öffnet sich den Frauen.« Wenn Putin als sehr verschlossener Mensch so eine Geste mache, dann sei das ein großes Zeichen des Vertrauens an die Wähler, meint Wichljanzew:

»Viele Frauen haben tatsächlich vor Rührung geweint.« Ob das nicht vielmehr geschickte politische Propaganda gewesen sei, werfe ich ein. »Wozu hat ein Politiker Propaganda nötig, der 86 Prozent der Bevölkerung hinter sich hat? Er hat schon alles erreicht, er braucht nichts mehr. Aber anstatt an diesem Feiertag einfach Glückwünsche auszusprechen und jemandem einen Orden zu verleihen, wie sonst immer, hat er sich etwas Besonderes überlegt. Er hat an sich gearbeitet und etwas riskiert.« Wichljanzew ist begeistert, auch wenn er einräumt, dass das romantische Gedicht aus dem Mund Putins vielleicht doch Teil des beginnenden Präsidentschafts-Wahlkampfs sei.

Zwölf Jahre lang arbeitet der 33-jährige Makar Wichljanzew bereits für putintreue Jugendbewegungen. Zunächst für »Naschi«, jetzt als Mitgründer und Leiter der Bewegung »Set«. Womit der ausgebildete Jurist praktisch sein ganzes bisheriges Berufsleben dem russischen Präsidenten gewidmet hat. »Ja, ich bin Putin-Propagandist. Warum nicht?«, meint er dazu lakonisch. »Ich liebe meine Heimat und mir gefällt Putin ehrlich gut. Da ich die Fähigkeit habe, das in zusammenhängenden Sätzen zu sagen und zu schreiben, mache ich das. Jemand muss es ja tun.«

Politik habe ihn schon als Kind interessiert, erzählt Wichljanzew, der in einer kleinen Stadt außerhalb von Moskau aufgewachsen ist. Sein Vater sei Anfang der 1990er-Jahre in den ersten demokratischen Wahlen nach dem Zusammenbruch der Sowjetunion zum Bürgermeister gewählt worden. Von politischen Aktivitäten des Sohnes habe der Vater aber trotzdem nichts wissen wollen. »Er war nicht nur Bürgermeister, sondern im Hauptberuf Polizist. Und bestand darauf, dass ich auch Polizist werde, wahrscheinlich weil er das für einen Beruf mit halbwegs sicherem Einkommen hielt.« Jedenfalls hielt Makar Wichljanzew seinen ersten Einsatz als jugendlicher Wahlhelfer vor den Eltern geheim. »Es war 1996, ich war gerade 13 oder 14 Jahre alt«, erinnert er sich. »Ich bin mit Freunden im Hof gesessen, als uns irgendwelche Leute angesprochen und uns vorgeschlagen haben, gegen ein wenig Geld Wahlkampfbroschüren zu verteilen. Wir haben gedacht: super Idee! Und uns fürs Flyer-Verteilen statt Fußballspielen im Hof entschieden.« Wichljanzew grinst. Die Wahlbroschüren machten übrigens für den damals amtierenden Präsidenten Boris Jelzin Werbung, der sich der Wiederwahl stellte. Er habe die Flyer nicht nur wegen des Geldes verteilt, so Wichljanzew. »Ich habe schon verstanden, worum es geht. Um eine ganz große Konfrontation, in der sich Kommunismus und Anti-Kommunismus gegenüberstehen. Für mich als Kind war klar, dass Jelzin der Gute war und Sjuganow der Böse.«

Wie er heute als Erwachsener das politische Erbe von Boris Jelzin beurteile, frage ich Wichljanzew. Denn bei vielen Russen ist der erste Präsident Russlands heute äußerst unbeliebt. Er wird für die drastische Verarmung weiter Bevölkerungsschichten in den 1990er-Jahren, für die steigende Kriminalität und die Privatisierung des ehemaligen sowjetischen Staatseigentums verantwortlich gemacht, die nur einige Oligarchen steinreich werden ließ, während die einfachen Menschen leer ausgingen. Er wolle Jelzin nicht verurteilen, meint dazu Wichljanzew. Die Sowjetunion habe damals verloren und das bestehende System aufgehört zu funktionieren. Das große Verdienst Jelzins sei es gewesen, in dieser Lage das Leben in Russland irgendwie zu organisieren und das Land zusammenzuhalten. Natürlich hätte man, rückblickend betrachtet, gewisse politische Entscheidungen besser treffen können, so Wichljanzew. Aber niemand anderer habe sich zur Verfügung gestellt so wie Jelzin und die Dinge in die Hand genommen. Es sei zu einfach, Jelzin allein für die dramatische Lage Anfang der 1990er-Jahre verantwortlich zu machen. »Wenn in den Köpfen der Menschen Chaos herrscht, sie im ganzen Land auf den Straßen morden und plündern und die Fabriken in Einzelteile zerlegen, kann ein Präsident nicht persönlich alle einfangen.« Und noch ein großes Verdienst schreibe er Boris Jelzin zu: »Er war nicht nur ein Mann mit eisernem Willen, der einige Entscheidungen getroffen hat, für die ich ihn respektiere. Er hat auch die Größe gehabt, die politische Macht selbst niederzulegen. Es ist sehr schwer, freiwillig abzutreten. Umso mehr, wenn man der erste Präsident eines Landes ist, das man selbst geschaffen hat.« Dass Makar Wichljanzew den Nachfolgekandidaten, den Jelzin den Russen bei seinem Rücktritt Ende 1999 vorgeschlagen hat, von Anfang an befürwortete, versteht sich fast von selbst: Es war der damals noch weitgehend unbekannte Wladimir Putin. »Es gab schlicht und einfach keine Alternative. Stellen Sie sich vor, das Land wird von einem Opa regiert, der buchstäblich vor den Augen aller zerfällt. Alle hatten die Nase voll davon. Und dann schlägt er einen jungen Anführer vor, der nicht trinkt, sportlich ist und ein Macher-Typ. Klar sagen alle: Der soll es werden.« Putin habe dann auch tatsächlich nicht nur geredet, sondern gehandelt. »Er hat die Banditen in den Griff bekommen und die Tschetschenien-Frage gelöst. Das war damals wohl das schmerzlichste Thema für alle. Diese ständigen Anschläge von tschetschenischen Terroristen, dauernd wurden Menschen getötet.« Makar Wichljanzew lässt unerwähnt, dass Präsident Putin bei dieser »Lösung« der Tschetschenien-Frage einen neuen blutigen Krieg gegen die islamistischen Terroristen in der Kaukasus-Republik begann, mit unzähligen zivilen Opfern und der Zerstörung der Hauptstadt Grosny als Folge. Und dass er später den Republikspräsidenten Ramsan Kadyrow installierte, unter dessen autoritärem und selbstherrlichem Regime viele Tschetschenen in Angst und Schrecken leben.

Seit Jelzin den jungen Wladimir Putin als Nachfolger auserkor, sind 18 Jahre vergangen, in denen dieser Russland ohne Unterbrechung regierte. Selbst in der Zeit von 2008 bis 2012, als Putin Regierungschef war, weil er sich wegen einer Verfassungsbestimmung nicht zum dritten Mal in Folge als Präsident wählen lassen konnte, war er der eigentlich starke Mann im Land. Und nicht der ihm loyal ergebene Dmitri Medwedew, der offiziell als Präsident amtete. Welche Bilanz zieht Makar Wichljanzew heute, nach fast 20 Jahren Putin an der Macht, nachdem er fast sein ganzes Jugend- und sein ganzes bisheriges Erwachsenenleben unter diesem Präsidenten verbracht hat? Wie beurteilt er das immer autoritärer werdende politische Regime unter Präsident Putin? Dass so gut wie keine regierungskritischen Kundgebungen mehr genehmigt werden? Dass im Parlament kein einziger echter, das heißt kremlkritischer, Oppositioneller vertreten ist?

Er fühle sich nicht unfrei und nicht in einem autoritären Staat, antwortet Wichljanzew. Und fragt dann vorwurfsvoll: »Warum hat der Westen immer das Bedürfnis, uns Demokratie lehren zu wollen? Uns zu zeigen, was für uns gut ist? Wir sind doch eine Demokratie, aber eben noch eine junge.« Wichljanzew vergleicht das Land mit einem Jugendlichen, der in seiner Entwicklung stehe: »Im Westen sollte man froh sein, dass wir nicht wie ein junger Rowdy um uns schlagen, sondern relativ still sitzen und Bücher lesen. Und einfach ausprobieren. Zum Beispiel, welche Gesetze funktionieren und welche nicht.« Immerhin müsse Russland seit dem Zusammenbruch der Sowjetunion seine Gesetzesordnung von null auf neu gestalten.

Für die Verbote regierungskritischer Demonstrationen hat Wichljanzew eine einfache Erklärung: Die Opposition sei selbst daran schuld, denn sie halte bestimmte Formalitäten beim Ansuchen um Genehmigung einer Veranstaltung nicht ein. »Und dann laufen sie überall herum und rufen: Man lässt uns nicht.« Ebenfalls selbst zu verantworten habe die kreml-kritische Opposition, dass sie politisch erfolglos sei. Sie habe keine Vertreter im Parlament, weil die Wähler nicht für sie stimmten. Sie habe weder charismatische Anführer, die bei den Wählern gut ankommen, noch führe sie draußen in der Provinz, bei den Menschen, professionelle Wahlkämpfe. Meinen Einwurf, dass Oppositionskandidaten regelmäßig von den Behörden schikaniert würden, dass ihnen weit weniger bis gar keine Sendezeit im Fernsehen, kaum Veranstaltungs-säle und Werbeflächen auf den Straßen zur Verfügung gestellt würden, lässt Wichljanzew nicht gelten. »Wenn sie einen rich-tigen Anführer hätten, der professionelle Arbeit macht, hätte die Opposition auch Erfolg. Angenommen, es würden nur ein paar wenige ehrwürdige Bürger einer Stadt, ein Arzt oder ein dekorierter sowjetischer ›Held der Arbeit‹, einen Oppositio-nellen unterstützen. Sie würden zum Beispiel sein Wahlpla-kat an ihre Hauswand hängen und sagen, seht her, wir sind für diesen Kandidaten, wagt es ja nicht, das Plakat zu zerrei-ßen.« Niemand würde die Plakate eines solchen Kandidaten entfernen, meint Wichljanzew.

Zur Flut repressiver Gesetze, mit denen die russische Füh-rung in den letzten Jahren nicht nur die Versammlungsfrei-heit, sondern auch die Medienfreiheit und zunehmend auch die Freiheit der Meinungsäußerung im Internet einschränkt, meint Makar Wichljanzew nur: »Die Abgeordneten gehören der Generation an, die mit dem Kopf noch in den Sowjet-zeiten hängengeblieben ist. Daher wollen sie alles verbieten. Aber wir Jungen, wir finden uns schon zurecht, wir finden überall die Informationen, die wir brauchen. Uns kann man nicht mehr einfach wie früher den Radiosender abdrehen. Aus Russland kann man kein Nordkorea machen.« Und den-noch, werfe ich ein, werden immer mehr Russen für kreml-kritische Postings in sozialen Netzwerken zu Gefängnisstrafen verurteilt. Der Putin-Propagandist, wie er sich selbst nennt, hat auch hier eine Antwort parat: Das sei mehr eine technische als eine politische Frage. »Da sitzt ein Richter, der ist um die 60 Jahre alt und weiß gar nicht, was ein Posting ist. Er öffnet das Gesetzesbuch und sieht: zwei Jahre Haft.« Es sei eine Frage der Zeit, bis solche Probleme gelöst seien. Das Gleiche gelte für die sozialen Proteste in den russischen Regionen, die angesichts der schweren Wirtschaftskrise in Russland zuletzt häufiger werden. Die Polizei unterbindet sie regelmäßig, obwohl die Demonstranten oft Kernwähler von Präsident Putin sind. So wurden Kleinbauern aus Südrussland, die sich mit ihren Traktoren nach Moskau aufmachen wollten, um Präsident Putin um Unterstützung gegen die lokale Korruption zu bitten, von der Polizei auseinandergejagt. Mehrere Bauern wurden festgenommen. Und jenen, die dann mit dem Bus nach Moskau fahren wollten, wurde einfach kein Fahrticket verkauft. »Das ist ein Problem der zuständigen Menschen vor Ort, die keine Entscheidungen treffen wollen. Die nicht imstande sind, mit dem eigenen Volk in den Dialog zu treten. Nicht ein Problem der Politik Putins«, erklärt Wichljanzew. »Wir haben einfach keine echten Führungskräfte. Woher denn auch? Man hat alle im Zweiten Weltkrieg umgebracht und vorher schon während der russischen Revolution. Wegen der zweifachen Ermordung der Elite im Land stammen wir alle von Arbeitern und Bauern ab. Ich auch.« In Russland hätten viele schlichtweg Angst, Entscheidungen zu treffen oder für etwas Verantwortung zu übernehmen. »Präsident Putin ärgert sich doch selbst darüber, dass seine politischen Anordnungen von den Zuständigen vor Ort nicht umgesetzt werden«, meint Wichljanzew.

Und wie beurteilt er die wirtschaftliche Lage Russlands? Den Reformstau in der rohstoffabhängigen Wirtschaft, der die Hauptschuld an der schweren aktuellen Krise trägt? Oder die Budgetpolitik Putins, wonach mehr Geld in die Landesverteidigung und die Rüstungsindustrie investiert wird als in Krankenhäuser und das Bildungswesen? Kurzum, dass er den Russen Großmacht-Ideologie bietet anstatt Zukunftsperspektiven? »Ganz so stimmt das nicht«, entgegnet Makar Wichljanzew. »Wir forschen jetzt immerhin wieder in der Arktis, wo 20 Jahre lang gar nichts mehr passiert ist, außer dass sowjetische Traktoren vor sich hin gerostet sind. Wir haben auch ein neues Kosmodrom für Weltraumflüge gebaut.«

Aber er räumt ein, dass Russland eine große, zukunftsorientierte Aufgabe brauche, die es nicht gebe. »Wenn Putin morgen verkünden würde: ›Leute, lasst alles stehen und liegen, wir entwickeln jetzt ein neues Krebsmedikament. Wir müssen schnell sein, sonst sterben eure Verwandten, die es nicht mehr erleben.‹ Dann würden wirklich alle Russen daran arbeiten«, ist Wichljanzew überzeugt. Aber warum hat das Putin in seinen 18 Jahren an der Staatsspitze nicht gemacht?, frage ich. »Als Putin Ende der 1990er-Jahre Präsident wurde, war Russland ein Schiff mit so vielen Löchern, dass es zu sinken drohte. Das Land ist damals fast auseinandergebrochen, manche Regionen hatten schon eigene Pässe. Putin musste zuerst diese Löcher stopfen und zum Beispiel die völlig heruntergekommene Armee wieder aufrüsten. Denn unser Land kann ohne Armee nicht existieren. Bis heute ist Putin noch damit beschäftigt, die Löcher zu stopfen. Es fehlt noch immer an allen Ecken. Zum Beispiel sind die Straßen in Russland noch immer sehr schlecht.« Erst wenn diese Probleme gelöst seien, könne die Rede von Zukunftsprojekten wie Krebsmedikamenten oder Marsflügen sein. »Das russische Volk ist manchmal undankbar«, urteilt Wichljanzew. »Anstatt Putin Danke zu sagen, dass er dem Land Stabilität gebracht hat und es hier seit Jahren keine großen Terroranschläge mehr gibt, sind viele unzufrieden. Werfen ihm vor, dass er zu wenig gegen die Korruption unternehme und sagen: ›Jetzt wollen wir endlich wie in Europa leben!‹ Dafür ist es noch zu früh!«

Stichwort Europa: Wie beurteilt Makar Wichljanzew als junger Russe, der gerne in andere Länder reist, die momentane Konfrontation Russlands mit dem Westen? Dass Präsident Putin für seine Großmachtpolitik, unter anderem die Annexion der Krim, Wirtschaftssanktionen und eine große Vertrauenskrise mit dem Westen in Kauf nimmt? »Die Krim ist nicht annektiert worden«, antwortet Wichljanzew wenig überraschend. Er sei selbst zum Zeitpunkt des Referendums auf der Halbinsel gewesen, als die überwältigende Mehrheit der Bevölkerung für eine Angliederung an Russland gestimmt habe. »Das war die höchste Form der Demokratie«, so Wichljanzew. Und der im Westen kritisierten Tatsache, dass das Referendum binnen weniger Tage und nicht nach langen Verhandlungen mit Kiew durchgeführt worden ist, sei zu verdanken, dass die Krim nicht wie die Ostukraine in Blut und Chaos versunken sei.

Putin habe Russland mit seiner Politik wieder die gebührende Achtung verschafft. »Bis zu den 2000er-Jahren hat die Welt verächtlich auf Russland herabgesehen. Dann ist Putin gekommen und hat gesagt: Wir sind wieder da, mit uns muss man rechnen. Die olympischen Winterspiele in Sotschi, die bevorstehende Fußball-WM, die Krim, das alles ist doch dazu da, dass man wieder mit Russland rechnet. Wir wollen nicht besser sein als andere, aber einfach gleichberechtigt.«

Die Konfrontation mit dem Westen finde er nicht gut. Aber wenn man wolle, dass Russland international wieder geachtet werde und man sich als Russe für sein Land nicht schämen müsse, dann sei so etwas notwendig. Sonst werde Russland weiterhin gedemütigt. Auch die antiwestliche Propaganda russischer Politiker und Staatsmedien findet Wichljanzew in Ordnung. Zum einen gebe es in Europa genauso politische Propaganda wie in Russland. »Wenn ich bei Auslandsreisen Europäer kennenlerne, sagen die sofort, dass unser Präsident Putin ein Schlechter sei und dass er in Syrien Zivilisten bombardiere.« Zum anderen sei Propaganda für Russland lebenswichtig: »Während des Kalten Kriegs haben sich die sowjetische und die amerikanische Propaganda die Waage gehalten. Dann ist die sowjetische weggefallen. Und wir sind jahrelang mit gesenkten Köpfen herumgelaufen und haben gesagt: Ja, bei uns ist alles schlecht und wir sind das Allerletzte. Das ist ein fürchterlicher Zustand. Wenn wir nicht unsere eigene Propaganda schaffen, wird eine fremde diesen Platz einnehmen und wir werden uns weiterhin als das Letzte und verantwortlich für alle Verbrechen dieser Welt fühlen.«

Diese Propaganda, die den Westen zum alten, neuen Feindbild erkläre, ändere aber nichts daran, dass sich die meisten jungen Russen als Europäer fühlten, ist Wichljanzew überzeugt. 2024, bei den übernächsten Präsidentschaftswahlen, wenn Putin nach seiner voraussichtlich letzten Amtszeit zurücktrete, werde sich das zeigen. »Dann besteht aus rein biologischen Gründen zum ersten Mal die Mehrheit der Wähler aus Menschen, die die Sowjetunion nicht mehr erlebt haben. Dann wird man sehen, ob die russische Gesellschaft den Westen als Feind sieht oder nicht.«

Welche Zukunft wünscht sich er persönlich als junger Russe für sein Land?, frage ich Makar Wichljanzew am Ende unseres Gesprächs. »Dass es wieder eine zukunftsweisende Idee gibt«, meint er. »Mein Traum wäre es, zu erfahren, wie es auf anderen Planeten aussieht. In den 1960er-Jahren haben die Leute geglaubt, dass wir in den 2000er-Jahren auf andere Planeten fliegen können. Aber wir fliegen noch immer nicht hin. Vielleicht rühren die vielen Krisen und Konflikte daher, dass wir keine großen Ideen mehr haben. Es wäre schön, wenn Russland und andere Länder gemeinsam an neuen Horizonten arbeiten würden.« Und noch etwas wünscht sich Makar Wichljanzew für Russland: dass das Land aus seiner Identitätskrise findet. »Wir müssen uns mit unserer Geschichte auseinandersetzen. Peter der Große hat sie neu geschrieben und Stalin auch. Wir müssen herausfinden, wer wir sind. Wer wir für uns sind und für die Welt.« Bei anderen Ländern sei das völlig klar. Die USA und Japan seien Knowhow-Zentren, die Schweiz eine Bank und Deutschland Industriezentrum. »Russland hat ein sehr fähiges Katastrophenschutzministerium. Wir sind schnell beim Löschen von Bränden oder wenn man nach Katastrophen Berge von Schutt wegräumen muss. Vielleicht könnten wir eine Art weltweite Rettungszentrale für Notsituationen sein? Oder doch eher eine Weltraummacht?«, sinniert Wichljanzew.

Und wo sieht er seine berufliche Zukunft? Wenn eines Tages Wladimir Putin nicht mehr Präsident sei, werde er ja wohl kaum mehr als Propagandist arbeiten, frage ich. »Warum nicht?«, meint Makar Wichljanzew. »Wenn der neue Präsident wieder eine so gute Führungspersönlichkeit ist und mich so beeindruckt wie Putin, dann schreibe ich vielleicht auch Propaganda für ihn.«

»Die Welt muss den Willen der Krim-Bevölkerung anerkennen. Punkt!«

Jewgenij Repenkow, prorussischer Fußball-Manager, Krim

Familien mit Kinderwagen, verliebte Paare und ältere Damen mit ihren Hunden an der Leine schlendern an diesem Nachmittag Ende Januar 2015 die Hafenpromenade in Sewastopol entlang. Immer wieder bleiben manche stehen und fotografieren mit dem Handy die vor der Küste kreuzenden Schiffe der russischen Schwarzmeerflotte, die in Sewastopol beheimatet ist. Der Winter ist noch nicht vorbei und immer wieder lassen beißende Windböen, die vom Meer kommen, die Spaziergänger ihre Jacken fester zuziehen. Doch die Sonne kündigt den nahenden Frühling an und die Verkäuferinnen in den Souvenirläden auf der Promenade stellen Kleiderständer mit kurzärmeligen T-Shirts auf die Straße. Neben den in Sewastopol allgegenwärtigen blau-weiß gestreiften Matrosen-T-Shirts werden nun vor allem solche mit einem Aufdruck von Präsident Putin feilgeboten. In mehreren Farben und Bild-Variationen, ganz nach Geschmack. So gibt es ein Porträt Putins mit Sonnenbrille, das wohl nicht zufällig den Helden aus US-amerikanischen Action-Filmen ähnelt. Oder Putin in Militäruniform und mit Kalaschnikow in der Hand. »Der höflichste aller Menschen«, steht darunter geschrieben. Die Bezeichnung »höfliche Leute« ist die russische Chiffre für die Soldaten ohne Hoheitsabzeichen, die vor und während der Annexion der Krim im März 2014 plötzlich massenhaft auf der Halbinsel auftauchten. Der Kreml stritt lange ab, dass die maskierten Männer in grüner Uniform russische Soldaten seien, doch die Welt wusste es von Anfang an. Und die Russen wussten es auch. Bei vielen genießen die geheim operierenden Einsatzkräfte längst Kultstatus. In Sewastopol, der wohl »russischsten« aller Städte auf der Krim, ganz besonders. Hier haben bei der international umstrittenen Volksabstimmung über eine Angliederung der ukrainischen Halbinsel an Russland besonders viele Bewohner mit »Ja« gestimmt. Von historischer Gerechtigkeit spricht eine ältere Frau auf der Promenade, als ich sie darauf anspreche. »Endlich sind wir nach Hause zurückgekehrt. Wladimir Putin hat uns das ermöglicht, wir werden ihm ewig dankbar sein.« Es sei nicht fair, fügt sie hinzu, dass die Menschen in Europa das nicht verstünden und die prorussische Bevölkerung auf der Krim dafür verurteilten. »Sagen Sie Ihrem Fernsehpublikum zu Hause, dass Präsident Putin nicht nur die Ukraine, sondern ganz Europa vor dem Faschismus gerettet hat«, meint ein vorbeikommender junger Mann zu mir gewandt. »Schon zum zweiten Mal übrigens, vergessen Sie das nicht.«

Ganz anders sieht das die Verkäuferin in einem der Souvenirläden. Auch sie hat T-Shirts mit dem Konterfei von Wladimir Putin vor ihrem Geschäft ausgestellt. Von der Annexion hält sie aber nichts. Sie sei Ukrainerin, sagt sie und beginnt zu weinen. Nun hätten die Ukrainer auf der Halbinsel ihre Heimat verloren. Sie erzählt von ihrem Nachbarn, zu dem vor Kurzem die nunmehr russische Polizei nach Hause gekommen sei, weil er eine ukrainische Flagge auf den Balkon gehängt und in seiner Wohnung ukrainische Lieder gesungen hatte. »Das Allerschlimmste aber ist, dass das ukrainische und russische Volk gegeneinander aufgehetzt wurden«, meint sie unter Tränen. »So viel Hass, so viel Verachtung! Dabei sind wir doch Brüder.«

Kurz darauf treffe ich im Stadion des Fußball-Clubs PFK Sewastopol Jewgenij Repenkow, den Vizepräsidenten des Clubs. Der 59-Jährige beobachtet gerade vom Spielfeldrand aus, wie etwa achtjährige Buben unter dem strengen Blick eines Trainers Ballübungen absolvieren. Immer wieder klatscht Repenkow Beifall oder klopft einem der zu ihm herbeilaufenden Buben aufmunternd auf die Schulter. »Das ist unser Nachwuchs«, erklärt er stolz, und sein Blick verfinstert sich augenblicklich. Diesen Kindern habe man ihre sportliche Zukunft genommen, schimpft Repenkow. »Ihr in Europa wollt gegen Putin kämpfen oder gegen den russischen Staat? Macht das. Bitteschön. Aber was können diese Buben hier dafür? Mit welchem Recht entscheidet ihr über ihre Zukunftsperspektiven? Sie werden sich dadurch nicht von Putin abwenden, im Gegenteil. Ihr erreicht höchstens, dass man euch zum Teufel schickt und euch hasst.«

Repenkow ärgert sich über die Sanktionen, die der Westen nach der Annexion der Krim gegen Russland und die Halbinsel verhängt hat. Diese haben nämlich nicht nur wirtschaftliche und politische, sondern auch sportliche Auswirkungen. Denn es ist im Moment völlig unklar, wie es mit den Fußballvereinen auf der Krim weitergeht. Vor der Annexion waren zwei Clubs auf der Halbinsel in der ukrainischen Erstliga vertreten, unter ihnen auch der PFK Sewastopol. Doch die Ukraine betrachtet die Krim nach der Annexion als »okkupiertes Gebiet« und hat die Clubs der Halbinsel aus der ukrainischen Liga ausgeschlossen. Der russische Fußballverband würde sie zwar gerne aufnehmen, aber der Weltfußballverband FIFA hat ihn bereits davor gewarnt, weil die Krim international nicht als russisches Territorium anerkannt wird. Moskau wird sich hier kaum querstellen, zumal Russland 2018 die Fußball-Weltmeisterschaft ausrichten will. Nun ist also die Krim aus Fußballersicht zum Niemandsland geworden.

Das ist hart für Jewgenij Repenkow, der 40 Jahre seines Lebens diesem Sport gewidmet hat. Besonders gerne trainiert er Kinder und Jugendliche. Schon zu Sowjetzeiten wurde er für seine Arbeit im Kinder- und Jugendfußball vielfach ausgezeichnet. »Vater des Fußballs auf der Krim« wird Repenkow oft genannt. Eigentlich sei er gar kein ausgebildeter Trainer und professionell Fußball gespielt habe er auch nie, erzählt Jewgenij Repenkow schmunzelnd. Ganz zufällig sei er als junger Bursche in die Fußballwelt hineingeraten. »Ich war Teenager, ungefähr 17, und habe in einer Fabrik gearbeitet, um ein wenig Geld auf die Seite legen zu können«, erinnert er sich. »Eines Tages habe ich Internatskinder kennengelernt, die einen Fußballclub gründen wollten. Sie hatten aber kein Geld für Trikots. Ich habe mein Erspartes in 15 Fußball-Dressen gesteckt und sie ihnen geschenkt. Worauf sie mich unbedingt als ihren Trainer haben wollten.« Wenig später habe er seinen Armeedienst als Panzerfahrer absolviert und seither seine ganze berufliche Laufbahn in der Welt des Fußballs verbracht. 1992, als die erste Meisterschaft der unabhängigen Ukraine ausgetragen wurde, wurde der Jugendverein »VC Viktoria«, den Repenkow damals trainierte, Landes-Jugendmeister. An diesen Sieg erinnert noch heute eine Tätowierung auf Repenkows rechtem Unterarm. Sie zeigt allerdings keinen Fußball, sondern ein Steuerrad. Das bedeute, dass jeder Mensch sein Leben selbst lenke, erklärt Jewgenij Repenkow.

Und so kam es, dass der leidenschaftliche Fußballmanager im Februar 2014 plötzlich alles stehen und liegen ließ und sich aufmachte, seine Heimatstadt Sewastopol vor »Faschisten« zu schützen. Als solche bezeichneten die prorussischen Ukrainer die ukrainischen Nationalisten und oft auch pauschal die Anhänger des Maidan. Es waren turbulente Tage damals in der Ukraine. Die seit Monaten anhaltenden Proteste gegen das Regime von Präsident Janukowitsch auf dem Maidan-Platz in Kiew waren eskaliert. Dutzende Demonstrationsteilnehmer waren bei blutigen Ausschreitungen ums Leben gekommen, viele von unbekannten Scharfschützen erschossen. Janukowitsch hatte darauf fluchtartig das Land verlassen. »Das war der Moment, als wir handeln mussten«, erzählt Jewgenij Repenkow. Man habe ja nicht tatenlos zusehen können, als die neue Übergangsregierung in Kiew der mehrheitlich russischstämmigen Bevölkerung auf der Krim gedroht und ankündigt habe, ihr einen sogenannten »Freundschaftszug« zu schicken. Worauf es auf der Krim hieß, ein Zug mit nationalistischen ukrainischen Kämpfern sei auf die Halbinsel unterwegs, die die russisch-stämmigen Krim-Bewohner niedermetzeln würden. Doch der berühmt-berüchtigte Zug mit den »Faschisten aus Kiew« kam nie an.

Jewgenij Repenkow, selbst ethnischer Russe, gehört auch zu jenen, die diesen Zug damals erwartet haben. Und nicht bereit waren, ihn widerstandslos zu empfangen. Dutzende Mitstreiter gehörten zu seiner Einheit der sogenannten »Selbstverteidigungskräfte«, die damals durch die Straßen der Schwarzmeerstadt zogen. Den Namen der Einheit, »Sewastopol ohne Faschisten«, hat sich Repenkow selbst ausgedacht. »Wir sind in einen Army-Shop gegangen und haben uns Uniformen gekauft. Und was an Waffen so da war, Pistolen mit Gummigeschossen und Jagdwaffen. Damit kann man nicht besonders viel anrichten, aber so war das damals eben.« Ziemlich bunt zusammengewürfelt sei seine Einheit der Selbstverteidigungskräfte gewesen. Ihr hätten sich bei Weitem nicht nur »überzeugte Antifaschisten« angeschlossen. Es seien Revolutionsromantiker ebenso dabei gewesen wie gewöhnliche Kriminelle, die dafür bezahlt worden seien. Und ja, auch russische Soldaten seien in diesen Tagen präsent gewesen, räumt Repenkow ein. »Ja, es gab die berühmten grünen Männchen tatsächlich. Das waren nicht wir, sondern russische Soldaten. Fallschirmjäger. Aber sie standen immer nur hinter uns, haben uns geschützt. Ich bin ihnen sehr dankbar dafür. Sie haben verhindert, dass Hitzköpfe der ukrainischen Armee, die hier stationiert war, plötzlich zu schießen beginnen.«

Er sei ethnischer Russe, sagt Repenkow. Aber er habe die Ukraine immer als Heimatland gesehen und geliebt: »Sie hat mir die Möglichkeit gegeben, das zu werden, was ich jetzt bin.« Niemals habe er früher Russland beitreten wollen. Aber nach der blutigen Maidan-Revolution habe sich seine Meinung geändert. Monatelang habe er diesen Protesten zugesehen und gespürt, dass das nicht gut enden würde, meint Repenkow. Auch er sei kein großer Anhänger von Präsident Janukowitsch gewesen, betont er. Aber der blutige Umsturz sei ungesetzlich gewesen. »Ja, Janukowitsch war ein Dieb. Aber ich habe ihn gewählt, also will ich ihn auch selbst wieder abwählen. Und keinen gewaltsamen Sturz«, empört sich Repenkow. »Wir haben Kiew danach vier Forderungen gestellt«, erzählt er von einer Videobotschaft, die er gemeinsam mit anderen Selbstverteidigungskräften aufgenommen und an die damalige Übergangsregierung geschickt habe. »Wir wollten das Recht auf Russisch als offizielle Sprache. Wir wollten das Recht auf unsere eigene Geschichte und dass unsere sowjetischen Denkmäler nicht gestürzt werden. Wir wollten unsere Lokalregierung selbst wählen dürfen. Und schließlich wollten wir selbst darüber abstimmen, ob wir uns der EU oder der russischen Zollunion anschließen.« Erst als Kiew nicht auf dieses »Ultimatum« reagiert habe, habe sich das Blatt endgültig gewendet.

Nun ist Jewgenij Repenkow ein glühender Verfechter der handstreichartigen Übernahme der Krim durch Russland. In seinen Augen hat Präsident Putin dadurch die Halbinsel vor einem blutigen Konflikt bewahrt, wie er später in der Ostukraine zwischen prorussischen Separatisten und der ukrainischen Armee entflammte. »Dafür bin ich Putin dankbar«, sagt Repenkow. Er ist nun Mitglied in der »Allrussischen Volksfront«, einer vom Kreml gegründeten gesellschaftlichen Bewegung, die zwar keine Partei ist, aber trotzdem nur dazu dient, das politische Programm Putins zu vertreten.

Repenkow hat neben dem Fußball übrigens noch eine zweite große Leidenschaft: mit dem Motorrad über die Krim zu fahren. Immer wieder verbindet er dieses Hobby mit Nützlichem: So veranstaltet er öfters Wohltätigkeits-Motorradrennen, deren Erlöse in den Fußballsport fließen. Seit der Annexion der Krim verleiht er seinen Rennen auch eine politische Botschaft. So ist rund um den ersten Jahrestag der Angliederung der Krim an Russland im März 2015, der zum Zeitpunkt unseres Gesprächs unmittelbar bevorsteht, ein Motorradrennen als medienwirksames, nationalpatriotisches Spektakel geplant.

Wie es jetzt mit dem Fußball auf der Krim weitergehe, frage ich Repenkow. »Ich weiß es nicht«, schüttelt er den Kopf. Der europäische Fußballverband UEFA schlage eine eigene »Zone« für den Fußball auf der Halbinsel vor. »Keine Ahnung, ob das funktioniert.« Er habe aber die große Hoffnung, dass das internationale Sanktionsregime gegen die Krim bald ein Ende habe. »Es gibt genügend kluge Köpfe im Westen, die einsehen werden, dass das alles Unsinn ist. Dass die Angliederung der Krim an Russland einfach der Wunsch der hiesigen Bevölkerung war.« Europa und Russland würden sich wieder an den Verhandlungstisch setzen, ist Jewgenij Repenkow überzeugt. Er verabschiedet sich und eilt zu einer Sitzung. Über der Eingangstür des Stadiongebäudes, in dem er verschwindet, flattert die russische Fahne im Wind.

Als ich Jewegnij Repenkow das nächste Mal treffe, sind gut zwei Jahre vergangen. Es ist Anfang März 2017, die Frühlingssonne lässt den Rasen im Stadion in sattem Grün leuchten. »Haben Sie schon gesehen?«, fragt Repenkow stolz. Er deutet auf das neue Logo an der Außenfassade des Clubgebäudes. Der Verein heißt nun nicht mehr »PFK Sewastopol«, sondern »FK Sewastopol«. Und der Fußball im Logo trägt nun einen Schweif in den Farben der russischen Trikolore. Ob ich die jungen Männer gesehen hätte, die vor dem Stadion in den Mannschaftsbus gestiegen seien, will Repenkow wissen. »Ja«, antworte ich. »Das sind unsere Jungs vom Club. Tolle Burschen.« Repenkow lächelt väterlich. »Schade, Sie haben das Training verpasst. Aber wenn Sie wollen, gehen wir wieder zu den Nachwuchsspielern. Sie trainieren auf dem Übungsplatz.« Ich folge Repenkow, der durch die leeren Zuschauertribünen eilt, in Richtung eines kleinen Rasenplatzes hinter dem Stadion. Schon von Weitem sind helle Kinderstimmen zu hören. Wenig später stehen wir am Rand des Übungsrasens und sehen gemeinsam den Buben beim Training zu, genauso wie vor zwei Jahren. Auch die Situation rund um den Fußballsport auf der Krim hat sich seit der Annexion der Krim, die sich demnächst zum dritten Mal jährt, nicht verändert. Noch immer dürfen die Clubs der Halbinsel weder in der ukrainischen noch in der russischen Liga spielen. Der russische Fußballverband hat die Verbände von der Krim auf Geheiß der FIFA nicht aufgenommen. Jewgenij Repenkow macht aus seiner Wut auf den Weltfußballverband keinen Hehl: »Andere Sportverbände von der Krim dürfen auch in den russischen Ligen spielen. Die Boxer zum Beispiel. Nur der Fußball ist so politisiert. Es heißt doch immer, die FIFA schütze die Interessen des

Sports und der Sportler und nicht der Politik. Nichts davon ist wahr.«

Immerhin wurde unter der Schirmherrschaft des europäischen Fußballverbands UEFA auf der Krim ein eigener Fußballverband gegründet. Die Mitglieder-Clubs spielen nun einfach gegeneinander. Die Krim ist fußballtechnisch endgültig zu einer isolierten Insel geworden. Und der ehemalige Erstligist FK Sewastopol zu einem Regionalverein. »Natürlich ist das spielerische Niveau dadurch gesunken«, räumt Repenkow ein, der heute Sportdirektor des Clubs ist. Genauso wie die Saläre der Spieler geschrumpft seien: »Diese Kinder hier, die haben noch etwas Zeit, sie können warten. Aber unsere Profifußballer, die müssen ihre Familien ernähren. Zudem sind ihre Hoffnungen auf eine sportliche Karriere hier auf der Krim zunichtegemacht worden.« Als Legionäre hätten die Profis zwar das Recht, in einer russischen, ukrainischen oder anderen ausländischen Mannschaft zu spielen, meint Repenkow. Trotz Sanktionen. »Und unsere Besten, die machen das auch.« Aber der Club selbst dürfe nur noch auf der Krim aktiv sein.

Diese Sanktionen hätten aber durchaus auch etwas Positives, sagt Repenkow und es klingt ein wenig so, als wollte er sich das selbst einreden. »Früher sind wir dem Status und dem Geld nachgelaufen und haben vor allem unsere Profis gefördert. Da der Profifußball nun nicht mehr im Mittelpunkt steht, konzentrieren wir uns wieder mehr auf uns selbst. Auf das, worauf es wirklich ankommt. Das ist der Nachwuchs. Vorher haben wir ihn vernachlässigt, jetzt nicht mehr.« Repenkow deutet mit dem Kopf zu den Buben, die schweißnass über den Rasen laufen. Woher denn der Club heute die notwendigen Geldmittel nehme, frage ich. Früher wurde der Verein, wie bei ukrainischen Fußballclubs üblich, von einem der Oligarchen des Landes finanziert. Dieser hat sein

Engagement nach der Annexion der Krim durch Russland zurückgezogen. Er steht nun politisch auf der Seite der neuen, prowestlichen ukrainischen Regierung. Jewgenij Repenkow möchte trotzdem kein schlechtes Wort über den ehemaligen Sponsor verlieren: »Er ist ein guter, anständiger Mensch und hat viel für den Fußball in Sewastopol getan. Alles, was Sie hier sehen, das Stadion, die ganzen Gebäude, alles hat er gebaut.« Aber der Mann sei eben ein Oligarch, sagt Repenkow. Und die würden je nach politischer Wetterlage die Seiten wechseln. Vom russischen Staat erhalte der Club keine Förderungen, aber die Stadt Sewastopol unterstütze das Stadion finanziell ein wenig und das Geld für den Rest der Ausgaben versuche man eben über Sponsoren aufzutreiben. Leicht sei das nicht, meint Repenkow. »Aber es ist nie leicht, am Übergang von einer Epoche in eine andere zu leben. Und in so einer Zeit befinden wir uns gerade. Aber wir kommen durch. Ohne Profifußball brauchen wir ja nicht mehr viel.«

Seine Hoffnungen auf eine baldige Aufhebung der Sanktionen hätten sich also bisher nicht erfüllt, sage ich zu Repenkow. Und frage, ob er heute, fast drei Jahre nach der Annexion der Krim, wieder alles genauso machen würde. Seine Heimatstadt Sewastopol mit Gummigeschossen bewaffnet vor angeblichen »Faschisten aus Kiew« schützen, im Rückblick wissend, dass diese gar nie gekommen sind. »Natürlich sind die nicht gekommen! Die haben schon rechtzeitig begriffen, was sie hier erwartet«, antwortet Repenkow. Ja, er würde wieder eine Selbstverteidigungseinheit führen. Auch ansonsten bereue er nichts. Schon gar nicht, bei der umstrittenen Abstimmung zur Angliederung der Krim für Russland gestimmt zu haben. Seine allergrößte Hoffnung, die er damit verbunden habe, sei nämlich in Erfüllung gegangen: »Wir haben hier keinen Krieg. Diese Buben und ich müssen keinen Krieg erleben. Es wird nicht geschossen und gestorben wie in der Ostukraine.« Repenkow ist noch immer überzeugt, dass dies allein der Entscheidung von Präsident Putin zu verdanken ist, die Krim an Russland anzugliedern.

»Ich weiß, wovon ich rede. Ich war dort, in der Ostukraine. Ich habe den Menschen humanitäre Hilfe gebracht. Es ist furchtbar, was dort passiert. Unschuldige Menschen werden bombardiert.« Wegen dieser Hilfstransporte ins ostukrainische Konfliktgebiet haben ukrainische Nationalisten Jewgenij Repenkow auf eine Art »schwarze Liste« gesetzt. Das bedeute, dass er nun seine Verwandten und Freunde auf dem ukrainischen Festland nicht mehr besuchen könne. Oder nur, wenn er riskieren wolle, dafür umgebracht zu werden, sagt Repenkow kopfschüttelnd. Ob ihm dieser Preis nicht zu hoch scheine, dafür, dass die Krim nun unter russischer Führung stehe, frage ich. Und ich füge hinzu, dass die Bevölkerung auf der Krim insgesamt einen hohen Preis für die Annexion zahle. Wegen der internationalen Sanktionen liege die Wirtschaft am Boden. Und die Preise für Lebensmittel und andere Waren hätten sich vervielfacht, weil die Ukraine nun jegliche Handelsbeziehungen mit der Krim blockiere und zu Russland keine Festlandverbindung bestehe. »Jetzt muss alles mit der Fähre aus Russland hertransportiert werden. Klar, dass so alles viel teurer wird, denn de facto sind wir jetzt ja eine Insel. Und alle nützen das aus, um Geschäfte zu machen. Alle haben Dollarzeichen in den Augen, sobald es die Möglichkeit dazu gibt. Ganz egal, ob in Amerika oder hier«, schimpft Repenkow auf die Händler und Logistiker, die die Warenpreise in die Höhe treiben würden. »Aber diese Sanktionen des Westens werden dazu führen, dass wir künftig eben viele Waren auf der Krim selbst erzeugen«, ist Repenkow überzeugt.

Im Moment seien aber viele Krim-Bewohner enttäuscht von den ersten drei Jahren unter russischer Führung, werfe ich ein. Die Euphorie von 2014 sei verflogen, auch wenn die meisten wohl wieder gleich abstimmen würden wie damals, zumindest beteuern sie das in den Gesprächen mit mir. Zwar war kaum jemand bereit, offen in die Fernsehkamera zu sprechen. Aber ohne Mikrofon und Kamera räumten viele ein, dass das Leben in den letzten drei Jahren schwieriger geworden sei. Viele junge Leute würden mangels Perspektiven die Halbinsel verlassen. »Die Mehrheit der Bewohner hier hat damals für eine russische Krim gestimmt! Wer A sagt, muss auch B sagen!«, meint Repenkow dazu. »Möglicherweise haben einige geglaubt, dass unter russischer Führung plötzlich an alle Geldsäcke verteilt werden. Das ist doch völlig naiv!« Er habe bekommen, was er wollte, unterstreicht Repenkow einmal mehr: »Es gibt keinen Krieg hier, es wird kein Blut vergossen. Was alles andere betrifft, habe ich einen Kopf und zwei gesunde Hände.«

»Aber was ist mit denjenigen, die gegen die Annexion waren? Die jetzt von der neuen russischen Führung unter Druck gesetzt werden, wie die Minderheit der muslimischen Krimtataren?«, frage ich Repenkow. Und erwähne meine Treffen mit krimtatarischen Familien, deren Söhne entführt und ins Gefängnis gesteckt wurden. In den Augen von Menschenrechtlern war das als Einschüchterung für alle anderen Krimtataren gedacht, die bis heute oft sehr aktiv gegen die Annexion der Halbinsel auftreten. Dazu könne er nur Folgendes sagen, meint Repenkow bestimmt: »Es gibt heute drei offizielle Sprachen auf der Krim: Russisch, Ukrainisch und Tatarisch. Bitteschön! Das hat es noch nie gegeben, auch unter der Ukraine nicht.« Von Repressionen gegen Krimtataren habe er in seinem Freundes- und Bekanntenkreis, zu dem viele Tataren gehörten, jedenfalls noch nie gehört. »Viele Dinge werden einfach absichtlich aufgebauscht, das gibt es doch oft in Situationen, in denen sich nicht alle einig sind. Ein paar fühlen sich immer ungerecht behandelt.« Jeder habe das Recht, gegen die Angliederung an Russland zu sein, sagt Repenkow: »Aber wir, die wir dafür gestimmt haben, sind eben in der Mehrheit. Das ist zu akzeptieren.«

Noch immer ist Jewgenij Repenkow zuversichtlich, dass die aktuelle Konfrontation zwischen Russland und dem Westen bald beendet sein werde. »Nichts dauert ewig. Keine Kriege und keine Krisen dauern ewig. Die Menschen werden wieder zur Vernunft kommen.« Dann würden nicht nur die wirtschaftlichen, sondern auch die sportlichen Sanktionen des Westens gegen die Krim aufgehoben. »Die Krim wird dann keine fußballerische Insel mehr sein, sondern eine Brücke. Wir werden verbindendes Element sein zwischen den Nationen«, ist Repenkow überzeugt. Das Wichtigste sei doch, dass die Menschen Herz und Seele am rechten Ort hätten, dann werde alles gut werden. Wobei der Fußballmanager damit die Menschen oder vielmehr die Politiker im Westen und nicht in Russland meint: »Ihr müsst doch kapieren, dass ihr so nicht weitermachen könnt. Dass man nicht ungestraft unschuldige Leute bombardieren darf.« Repenkow erwähnt damit den Kampf der ukrainischen Armee gegen die von Russland unterstützten Separatisten in der Ostukraine ebenso wie den NATO-Einsatz gegen Serbien im Jahr 1999 oder gegen Libyens früheren Machthaber Gaddafi. »Warum geht ihr in ein anderes Land, werft Bomben ab und erklärt den Menschen, dass ihr besser wisst, wie sie leben sollen? Wer hat euch das Recht gegeben, Menschen zu töten im Namen irgendeines Wohls, das keiner kennt? So etwas darf nur Gott«, schimpft Repenkow. »Und nicht einmal der tut das.«

Der Westen müsse endlich den Volkswillen der Krim-Bewohner anerkennen, die mit überwältigender Mehrheit für eine russische Krim gestimmt hätten. Ich werfe ein, dass Präsident Putin die umstrittene Abstimmung ja auch völkerrechtlich einwandfrei hätte abhalten können. Nach entsprechenden Verhandlungen mit Kiew und nicht gegen dessen Willen, binnen weniger Tage und unter Aufsicht einer Heerschar maskierter und bewaffneter »grüner Männchen«. Und ich nenne als Beispiel Schottland, wo auch erst nach mühseligen Verhandlungen mit London ein Abspaltungs-Referendum stattgefunden habe. Dessen Ergebnis unabhängig vom Ausgang international anerkannt worden sei. »Ja, wir haben vielleicht nicht ganz nach den hehren europäischen Standards abgestimmt, nicht so ›zivilisiert‹ wie bei Ihnen«, sagt Repenkow zynisch. Aber in Schottland sei ja auch niemand bedroht worden. Auf der Krim habe man damals aber keine Zeit gehabt, lange zu verhandeln. »Also noch einmal«, meint Repenkow fast schon beschwörend: »Die Mehrheit der Krim-Bewohner wollte zu Russland. Und diesen Volkswillen muss man anerkennen und das Thema ein- für allemal abschließen. Punkt.«

Als wir uns verabschieden, überreicht er mir als Erinnerung ein Buch. Es ist ein Bildband, dessen Titel frei übersetzt »Das fußballerische Sewastopol« lautet. Es sei erst vor Kurzem erschienen, sagt Repenkow stolz. Es sei das jüngste einer ganzen Reihe von Büchern über den Fußball in der Region. Jewgenij Repenkow zeichnet darin die Geschichte des Fußballs in Sewastopol nach, vom Beginn des 20. Jahrhunderts bis heute. Mit berührenden Porträts nicht nur von bedeutenden Fußballern und Funktionären, sondern auch von langjährigen Fans. Als wir auseinandergehen, kommt Repenkow aber noch einmal auf die Politik zu sprechen: »Nur eine Bitte, schreiben Sie das in Ihren Texten«, meint er. »Lehrt uns nicht im Westen, wie wir zu leben haben. Wir kommen zurecht. Lasst uns einfach in Ruhe leben.«

»Man darf nicht einfach etwas wegnehmen, das einem nicht gehört. Die Krim gehört weder Russland noch der Ukraine, sondern uns, den Krimtataren.«

Sarina Ametowa, Krimtatarin, Menschenrechtlerin, Krim

»Es sieht hier noch genauso aus wie vor zwei Jahren«, denke ich, als wir mit dem Auto die schmale, nicht asphaltierte Wohnstraße in der Kleinstadt Belogorsk außerhalb von Simferopol entlangrumpeln. Und wie damals winkt uns Abdureschit Dschepparow schon von Weitem entgegen. Er erwartet uns vor seinem Haus, die Augen hinter einer dunklen Sonnenbrille gegen das Blenden der Abendsonne. »Gehen wir hinein. Wollen wir zuerst Kaffee trinken oder das Interview aufnehmen?«, fragt er bei der Begrüßung. Dschepparow spricht ruhig und leise. Manchmal ist seine Stimme kaum zu hören. Es ist Ende Februar 2017 und ich bin auf die Krim gereist, um kurz vor dem dritten Jahrestag der Annexion der Halbinsel durch Russland Reportagen über die politische und wirtschaftliche Stimmung zu gestalten. Dabei treffe ich auch Interviewpartner wieder, mit denen ich vor längerer Zeit schon gesprochen habe. Mich interessieren die Erfahrungen, die sie seither gemacht haben, ob und was sich in ihrem Leben seither verändert hat. Mit Abdureschit Dschepparow habe ich im Januar 2015 das erste Mal gesprochen. Sein damals 19-jähriger Sohn und sein 23-jähriger Neffe waren wenige Monate zuvor auf offener Straße entführt worden. Ein Augenzeuge hatte Dschepparow berichtet, dass Männer in Uniform die beiden in einen blauen VW-Bus gezerrt hätten und weggefahren seien. Eine Einschüchterungsaktion der neuen russischen Machthaber sei das gewesen, um den Krimtataren Angst und Schrecken einzujagen, war Dschepparow damals überzeugt. Weil die Krimtataren die neue russische Führung in ihrer Heimat nicht anerkannten. Sie hatten das umstrittene Referendum über die Angliederung der Halbinsel an Russland im März 2014 mehrheitlich demonstrativ boykottiert. Die muslimischen Krimtataren misstrauen Moskau. Das hat vor allem historische Gründe. 1944 ließ Sowjet-Diktator Josef Stalin das ganze Volk der Krimtataren deportieren, die meisten nach Zentralasien. Erst Ende der 1980er-Jahre durften sie zurückkehren. Die traumatische Erinnerung und das Misstrauen gegenüber dem russischen Staat sind geblieben.

Ob er inzwischen irgendwelche Informationen über den Verbleib seines Sohnes und seines Neffen habe, frage ich Dschepparow.»Nein, noch immer nichts«, schüttelt er mit kaum vernehmbarer Stimme den Kopf. Zwar hätten die Sicherheitsbehörden nach der Entführung offiziell Ermittlungen aufgenommen, doch bisher ergebnislos. Er habe auch nicht den Eindruck, dass die Polizei das Verbrechen wirklich aufklären wolle.»Wir wurden zwar oft einvernommen, die Nachbarn auch. Aber es waren eher Verhöre, die so grob geführt wurden, dass sie uns wohl abschrecken sollten«, erzählt Dschepparow. Der Augenzeuge, der ihm am Abend der Entführung davon berichtet hatte, sei übrigens unter einem erdachten Vorwand zu einer Haftstrafe verurteilt worden.»Sicher kein Zufall. Er wurde bestraft, weil er mir erzählt hat, was er gesehen hatte.« Dschepparow betont wie schon bei unserem ersten Gespräch, wer ihm zufolge hinter der Verschleppung seines Sohnes und seines Neffen stecke:»Natürlich sind es die neuen russischen Machthaber. Sie sind für alles verantwortlich, was hier passiert. Auch unter der früheren ukrainischen Führung sind manchmal Menschen verschwunden, aber das hatte kriminelle Hintergründe, Streitereien um Geld, was weiß ich. Das gibt es überall auf der Welt. Aber dass Menschen so systematisch und unter klaren Vorzeichen verschwinden wie seit der Annexion der Krim, das hat politische Gründe.« Russland wolle hier schlicht und einfach Angst verbreiten. »Es soll Ruhe herrschen auf der Krim. Keine Demonstrationen, keine Versammlungen. Alle sollen stillsitzen und nicht auffallen.« Dschepparow klappt seinen Laptop auf und zeigt mir Fotos von weiteren verschleppten Krimtataren. Manche wurden inzwischen tot aufgefunden, von den meisten fehlt aber jede Spur. Rund 20 Menschen seien seit der Annexion auf der Krim verschwunden: »Die meisten sind Krimtataren, aber nicht nur. Es sind auch pro-ukrainische Aktivisten dabei oder einfach Muslime.«

Dschepparow, der seit vielen Jahren als Menschenrechtsaktivist tätig ist, hat nun eine Solidaritätsbewegung gegründet. Sie hilft den Angehörigen von entführten oder verhafteten Familienmitgliedern. Man helfe einander finanziell oder packe bei Arbeiten mit an: »Stellen Sie sich vor, so viele Familien, denen jetzt der Vater oder ein Sohn im Haushalt fehlt«, erklärt Abdureschit Dschepparow. Zudem sucht er den Kontakt zu Menschenrechtsorganisationen und Medien. Vor allem zu ausländischen und den wenigen noch verbliebenen unabhängig berichtenden russischen Medien. Die staatlich gelenkten russischen Fernsehsender oder Zeitungen schenken seinem Schicksal kein Gehör. »Wir müssen doch die Öffentlichkeit darüber informieren, was hier passiert. Wenn wir stillsitzen und schweigen würden, wäre die Situation vielleicht noch viel schlimmer. So wie im russischen Kaukasus«, meint Dschepparow. Die Kraft für diese Tätigkeit schöpft er aus der Hoffnung, dass sein Sohn und sein Neffe noch am Leben sind. Obwohl er seit nunmehr zweieinhalb Jahren nichts mehr von ihnen vernommen hat. »Natürlich hoffe ich, dass sie noch leben«, meint er leise und Tränen laufen über sein bärtiges Gesicht: »Ganz egal, wo sie sein mögen, Hauptsache, sie leben noch.«

Das Leben von Abdureschit Dschepparow hat sich seit der Annexion der Krim in einen Alptraum verwandelt. Und er ist nur einer von vielen Krimtataren, die einen hohen Preis dafür zahlen, dass sie oder ihre Angehörigen Kritik an der neuen russischen Führung üben. So vermisst auch der Krimtatar Bekir Degermendschi aus der kleinen Stadt Gruschewka seit zwei Jahren seinen Sohn Mustafa. »Schauen Sie her, unser Haus ist eine Baustelle«, sagt Degermendschi bitter und zeigt auf die nackten Ziegelmauern des Hauses und die Zementsäcke, die im Vorraum stehen. Wir wollten es mit ihm gemeinsam fertig bauen. Jetzt steht alles still. Wir sind zu alt, um es alleine zu schaffen.« Immerhin weiß der Vater, wo sich sein Sohn befindet: im Gefängnis. Mustafa muss sich derzeit vor Gericht für angebliche Anstiftung zu Massenunruhen verantworten, dafür drohen ihm mehrere Jahre Haft. Sein Verbrechen: Er hatte Ende Februar 2014 an einer Demonstration gegen die sich damals abzeichnende Machtübernahme Russlands teilgenommen. »Man wirft ihm laut russischem Gesetz die Anstiftung von Massenunruhen vor. Dabei war die Krim damals noch unter ukrainischer Gesetzgebung«, empört sich Degermendschi. »Aber die russischen Behörden sagen, das spiele keine Rolle.«

Ebenfalls wegen angeblicher Anstiftung zu Massenunruhen steht derzeit Achtjom Tschigos vor Gericht. Auch ihn habe ich schon vor zwei Jahren getroffen, er war damals interimistischer Leiter des krimtatarischen Volksvertretungsorgans »Medschlis«. Die Funktion hatte er übernommen, nachdem die Anführer des Medschlis nach der Annexion der Krim von den russischen Behörden mit einem Einreiseverbot belegt worden waren. Ich erinnere mich gut, wie er damals im Interview, das wir in der krimtatarischen »Hauptstadt« Bachtschyssaraj aufgenommen hatten, Europa dazu aufrief, Druck auf Wladimir Putin zu machen. Damit die Repressionen gegen die Krimtataren endlich ein Ende hätten. Wenige Tage nach unserem Gespräch wurde Achtjom Tschigos verhaftet. Der »Medschlis« wurde inzwischen von Russland zur extremistischen Organisation erklärt und geschlossen.

Ich warte in einem kleinen Park vor dem Obersten Gericht der Krim in Simferopol auf den krimtatarischen Aktivisten Sair Smedljajew. Im Gerichtsgebäude findet gerade eine Verhandlung im Prozess gegen Tschigos statt, Smedljajew beobachtet sie und wird danach über ihren Verlauf auf Informationsportalen im Internet und in sozialen Medien berichten. »Man darf nicht schweigen über die Rechtsverletzungen und Verbrechen, die hier gegen die Menschen begangen werden. Mit stillem Einverständnis macht man sich mitschuldig«, begründet dies Smedljajew, der während einer Verhandlungspause in den Hof gekommen ist. Eigentlich ist Sair Smedljajew Mitarbeiter der Zentralen Wahlbehörde auf der Krim, doch momentan widmet er viel Zeit der Berichterstattung über die vielen Gerichtsverfahren, die gegen krimtatarische Aktivisten eröffnet wurden. Die krimtatarischen Medien, die früher unabhängig berichtet hätten, seien von den russischen Behörden geschlossen und durch neue, staatlich gelenkte ersetzt worden: »Die berichten, wie gut jetzt alles geworden ist. Wie glücklich die Krimtataren über die Morde, Entführungen und Verhaftungen sind. Und über die ständigen Hausdurchsuchungen in Moscheen und Wohnungen«, sagt Sair Smedljajew sarkastisch. Die Krim sei ein Ort der Repression geworden, nicht nur für die Krimtataren, sondern für alle, die eine alternative Meinung vertreten würden. »Sobald es Positives zu berichten gibt, werde ich auch darüber

schreiben. Im Moment aber informiere ich über das Furcht-
bare, das hier vor sich geht.« Sair Smedljajew zeigt dann auf
eine Gruppe Krimtataren, die sich vor dem Gerichtsgebäude um einen Tisch versammelt hat. »Dort wird Suppe aus-
geschöpft, kommen Sie doch mit, es ist Mittagszeit«, schlägt
er vor. »Wir sind an jedem Tag hier, an dem ein Krimtatar vor
Gericht steht. Einfach so. Um ihn zu unterstützen.« Als wir
uns dem Tisch mit den dampfenden Töpfen nähern, kommt
eine kleine, zerbrechlich wirkende alte Frau auf mich zuge-
laufen. Sie sei über 80 Jahre alt und habe die Deportation der
Krimtataren miterlebt, ruft sie und fragt, ob sie etwas in die
Kamera sagen dürfe. Ich weise sie nicht ab. »Neun Jahre alt
war ich, als man uns 1944 von der Krim nach Sibirien verbannt hat«, erzählt Adelje, so heißt die Frau. Und fährt mit
wütender Stimme fort: »50 Jahre lang hat unser Volk in Verbannung gelebt. Kaum sind wir zurückgekommen und dabei,
ganz langsam wieder aufzustehen, werden wir überwacht
und kontrolliert. Wir dürfen unsere Meinung nicht sagen, uns
nicht versammeln, alles ist verboten.« Adelje bittet mich, das
in Europa zu erzählen.

Mit all diesen Repressionsvorwürfen, die viele Krimtataren gegen die neue russische Führung erheben, konfrontiere
ich den Regierungspolitiker Saur Smirnow, der mich in seinem Büro in Simferopol zum Interview empfängt. Smirnow
ist selbst Krimtatar, wie er betont, und in der neuen russischen Krim-Regierung für Fragen deportierter Völker und
ethnischer Minderheiten zuständig. »Noch nie sei die Lage
der Krimtataren so positiv gewesen wie heute, unter russischer Führung«, betont er gleich zu Beginn unseres Gesprächs. So habe Präsident Putin nach der Angliederung der
Halbinsel die Krimtataren und andere deportierte Völker rehabilitiert. Dieser Status gebe ihnen jetzt weitgehende Rechte, ob soziale, politische oder religiöse. Sie hätten jetzt etwa

Anspruch auf Kompensation für das erlittene Unrecht. Zudem gebe es heute auf der Krim erstmals überhaupt drei offizielle Staatssprachen: Russisch, Ukrainisch und Tatarisch, betont Smirnow. Unter der früheren ukrainischen Führung sei dies undenkbar gewesen. »Und was ist mit den willkürlichen Verhaftungen von Krimtataren und den Gerichtsprozessen? Den Verschleppten? Den ständigen Hausdurchsuchungen?«, frage ich den Regierungspolitiker. »Wir streiten ja nicht ab, dass seit 2014 einige Menschen verschwunden sind«, antwortet Smirnow. Die Behörden würden jedem Fall nachgehen. Manchmal habe dieses Verschwinden einen familiären Grund, dass Jugendliche mit ihren Familien brechen würden, zum Beispiel. Andere seien wiederum als Kämpfer im syrischen Bürgerkrieg aufgetaucht, erklärt der Politiker. »Leider verschwinden in jedem Land und in jeder Stadt der Welt Menschen. Aber hier auf der Krim verbindet man das aus irgendwelchen Gründen mit politischen Motiven und mit Menschenrechtsverletzungen. Das ist doch nur ein Informationsangriff, um die russische Krim zu diskreditieren und um hier Chaos und Konflikte zwischen den Nationalitäten zu verursachen«, so Saur Smirnow. Was die vielen Hausdurchsuchungen und Gerichtsverfahren gegen Krimtataren angehe, so habe dies nichts mit Repression zu tun, betont er, sondern mit der in Russland verbotenen islamistischen Organisation »Hizb ut-Tahrir«. Und da auf der Krim nun russisches Gesetz herrsche, würden die Anhänger dieser Organisation eben zur Verantwortung gezogen. Insgesamt sei die große Mehrheit der Krimtataren sehr zufrieden mit dem Leben auf der russischen Krim, unterstreicht Smirnow. Denn noch nie hätten sie so viele Rechte genossen wie heute.

»Das stimmt doch alles gar nicht«, schüttelt Sarina Ametowa den Kopf: »Noch hat keiner von uns Entschädigungen für die Deportation erhalten. Und Tatarisch ist zwar offiziell

Unterrichtssprache, aber die Schulen werden angewiesen, es nicht zu unterrichten. Und die Tatarisch-Lehrer werden unter irgendwelchen Vorwänden gekündigt.« Auch während der Gerichtsverhandlungen dürften Krimtataren nicht in ihrer Muttersprache sprechen, obwohl diese jetzt Staatssprache sei. Die Krimtatarin Sarina Ametowa ist Bildhauerin und Menschenrechtsaktivistin. Gerne hätte ich sie wieder in ihrem Haus in Simferopol besucht, so wie vor zwei Jahren, als ich sie kennenlernte. Ich erinnere mich gut an unser erstes Treffen, Ametowa war für eine russische Menschenrechtsorganisation tätig, die Rechtsverletzungen auf der Krim beobachtete und dokumentierte. Sie lud damals noch einen weiteren krimtatarischen Bürgerrechtsaktivisten zum Gespräch mit mir. Er wurde inzwischen mit Einreiseverbot belegt und darf nicht mehr auf die Halbinsel kommen.

Kurz vor meiner Reise auf die Krim teilt mir Sarina Ametowa mit, dass sie nicht in Simferopol sein werde, weil sie zu dieser Zeit wieder einmal ausreisen müsse. Und so führen wir unser geplantes Gespräch per Skype. Ametowa ist aus Kiew zugeschaltet, wo sie bei ihrem Sohn wohnt, der dort lebt und arbeitet. »Ich bin zu einer Fremden in meiner Heimat geworden«, erzählt sie. Sie gehört zu den wenigen Bewohnern der Krim, die sich nach der Annexion weigerten, die russische Staatsbürgerschaft anzunehmen. Nicht nur das, sie will auch keinen Antrag auf Aufenthaltsberechtigung stellen. »Mit dem russischen Staat will ich keinerlei Verbindung haben. Kein einziges Papier will ich mit ihm unterzeichnen«, begründet dies Ametowa. »Ich halte das für gefährlich. Wenn du dich auch nur mit einem Papier an diesen verbrecherischen Staat bindest, bist du ihm völlig ausgeliefert.« Der Preis, den die 45-jährige Künstlerin aus Simferopol für diese Haltung bezahlt, ist hoch. Als Ausländerin ohne Aufenthaltsberechtigung darf sie nicht durchgehend auf der Krim wohnen.

Zweimal pro Jahr muss sie für jeweils 90 Tage ausreisen. Was bedeutet, dass sie nur die Hälfte des Jahres in ihrer Heimat verbringen kann. Auch hat sie keinen Anspruch auf medizinische Behandlung in den öffentlichen russischen Krankenhäusern und sie wird später vom russischen Staat keine Pension erhalten. Zudem wird nun das kleine Grundstück, das Ametowa an der Schwarzmeerküste, in der Heimatstadt ihrer Familie, besitzt, versteigert: »Weil ich formal Ausländerin bin, muss ich nun mein eigenes Grundstück in einer Auktion ersteigern. Ich weiß schon jetzt ganz genau, dass ich diese Versteigerung nicht gewinnen werde«, meint Ametowa bitter. Auch arbeiten kann sie unter ihrem selbstgewählten Rechtsstatus nicht. Als Ausländerin müsste sie eine Arbeitsbewilligung beantragen, was sie nicht tut, weil sie dann wiederum mit russischen Behörden Verträge abschließen müsste. »Zudem habe ich als Bildhauerin viel mit Marmor gearbeitet, der aus der Türkei importiert wurde. Das ist seit der Annexion nun nicht mehr möglich.«

Warum sie diese Unannehmlichkeiten freiwillig ertrage, statt, wie viele andere Krimtataren auch, den russischen Pass zusätzlich zum ukrainischen anzunehmen, frage ich. Immerhin bedeute ja ein russischer Pass nicht automatisch, dass sie die Politik Moskaus unterstütze. »Nein, niemals«, betont Ametowa noch einmal. Und erzählt, dass es dafür nicht nur politische Gründe gebe, sondern dass sie schlichtweg auch Angst haben: »Ich fürchte mich panisch davor, dass Russland die Grenzen für seine Bürger wieder zumacht. So wie zu Zeiten der Sowjetunion, da durfte man ja auch nur mit spezieller Erlaubnis ausreisen. Das kommt wieder. Schon jetzt dürfen immer mehr Russen das Land nicht mehr verlassen.« Aber das seien doch nur bestimmte Berufsgruppen, wie Angehörige der Geheimdienste oder der Sicherheitsbehörden, werfe ich ein. »Angesichts der schlechten Beziehungen zwischen

Russland und so vielen anderen Ländern würde es mich nicht wundern, wenn sie die Grenzen ganz dichtmachen«, entgegnet Ametowa. Man müsse sich nur die vielen Verbote ansehen, die das russische Parlament dauernd beschließe, da wisse man nie, was noch alles komme: »Bald dürfen wir nicht einmal mehr Luft holen. Oder nicht mehr stehen, sondern nur noch gehen«, sagt sie sarkastisch.

Ihre Arbeit als Menschenrechtlerin setzt Sarina Ametowa unterdessen fort. Noch immer beobachtet und dokumentiert sie Rechtsverletzungen auf der Krim. Nicht nur, was die Minderheit der Krimtataren betreffe, sondern alle Bürger, wie sie betont. Allerdings finde diese Arbeit nun praktisch im Untergrund statt, denn die Menschenrechtsbewegung, für die sie tätig war, ist in Russland laut einem neuen Gesetz zur »unerwünschten Organisation« erklärt worden. Das bedeutet unter anderem, dass sie nicht öffentlich in Erscheinung treten und niemand mit ihr zusammenarbeiten darf. Die Bewegung existiere daher jetzt nicht mehr, sagt Ametowa. Doch einige frühere Mitglieder seien weiterhin aktiv. Welche Fälle von Menschenrechtsverletzungen sie zuletzt dokumentiert habe, frage ich Ametowa. »Viele Fälle von willkürlichen Hausdurchsuchungen und Verhaftungen. Aber auch Anklagen wegen angeblicher Anstiftung zu Massenunruhen. Das Übliche eben«, seufzt sie. »Und ja, dann war da noch der Ukrainer, der jetzt wegen Extremismus im Gefängnis sitzt, weil er in seinem Dorf eine ukrainische Flagge vor sein Haus gehängt hat. Und seine Straße mit einem Schild symbolisch zu Ehren der Todesopfer auf dem Maidan umbenannt hat.« Eine Gefängnisstrafe wegen Extremismus, nur weil er eine ukrainische Flagge aufgehängt hat?, frage ich erstaunt. »Mehrmals ist die Polizei zu ihm gekommen und hat das Haus durchsucht. Beim dritten Mal haben sie Granaten im Bücherregal gefunden. Ein gutes Versteck für Granaten, oder? Zwischen den Büchern, wo sie keiner entdecken kann!« Ametowa lacht sarkastisch. Offensichtlich hat die Polizei dem angeblichen Verdächtigen die nötigen »Beweisstücke« einfach untergeschoben. Eine durchaus übliche Praxis der russischen Sicherheitsbehörden.

Ob sie selbst keine Angst habe, von den Behörden unter Druck gesetzt zu werden, frage ich Ametowa. So wie viele andere krimtatarische Aktivisten verhaftet oder mit Einreiseverbot belegt zu werden. Sie seufzt und überlegt kurz, bevor sie antwortet: »Ich versuche, nicht aufzufallen. Ich trete nicht öffentlich auf und beschimpfe nicht die Regierung. Alles, was ich tue, ist dokumentieren, was hier passiert. Welche Verhaftungen, Hausdurchsuchungen, Gerichtsverfahren es gibt. Daraus kann man mir keinen Vorwurf machen, ich sei Extremistin.« Ihre Stimme klingt jedoch nicht sehr überzeugt. Noch vor zwei Jahren sei sie als Menschenrechtsaktivistin offensiver in der Öffentlichkeit aufgetreten. Doch nachdem viele ihrer Mitstreiter verhaftet oder aus der Krim deportiert worden waren, habe sie sich entschieden, diskreter zu arbeiten. »Man muss sich ja nicht unbedingt öffentlich auf die Brust schlagen und herumschreien, man sei Patriot seines Volkes. Oder, so wie es einige prominente Vertreter der Krimtataren nach der Annexion getan haben, lautstark die russische Führung kritisieren und danach die Sachen packen und aus der Krim flüchten. Und sich jetzt als Helden fühlen.« Sie arbeite lieber als graue Maus im Hintergrund und versuche, ein reales Bild der Lage auf der Krim zu vermitteln. Damit könne sie ihrem Volk weit mehr helfen, so Ametowa. »Ich bin jetzt hier in Kiew und könnte binnen kürzester Zeit eine Pressekonferenz organisieren, wenn ich wollte. Ich wäre dann ein neuer Medienstar und die Journalisten würden mich wie einen Affen an der Leine vorführen und rufen: ›Oh, seht her, noch ein krimtatarischer Menschenrechtler, der nicht mehr heimreisen darf!‹«

Und ja, natürlich könnte sie bei dieser Gelegenheit auch den Inlandsgeheimdienst FSB und die anderen russischen Behörden öffentlich als Dreckskerle beschimpfen, meint Ametowa: »Aber das ist doch dumm! Niemandem ist damit geholfen.« Ebenso will Ametowa nichts von politischem Asyl im Ausland wissen. Sie habe einige entsprechende Angebote erhalten, aus Deutschland und Österreich unter anderem. Man habe ihr angeboten, Asyl als politischer Flüchtling zu beantragen oder als Menschenrechtlerin im Ausland zu arbeiten. »Nein, nein, ich bleibe lieber zu Hause. Und fiedle im hiesigen Orchestergraben auf meiner Geige«, lacht Ametowa. Die Arbeit als Menschenrechtsaktivistin sei hier durchaus spannend und manchmal könne man auch etwas erreichen. Man brauche einfach einen langen Atem. »Man muss immer wieder jene anstoßen, die an den Schalthebeln sitzen. Immer wieder anstoßen. Sie sind wie eine Herde fauler Tiere, aber wenn man lange genug lästig ist, bewegt sie sich plötzlich«, so Ametowa. Mit der trägen Herde meint sie die ukrainische Regierung, die sehr lange brauche, um auch nur das kleinste Problem zu lösen. Viele Krimtataren seien daher von Kiew enttäuscht: »Die streiten sich dauernd und bringen wenig zustande. Jedenfalls haben sie bezüglich der Krim noch kein vernünftiges Gesetz verabschiedet. Man könnte fast glauben, dass sie sich mit dem Kreml absprechen«, schüttelt Ametowa den Kopf.

Welche Zukunftsperspektiven sieht sie als Krimtatarin für ihre Heimat?, frage ich sie. Dass Russland die Halbinsel an die Ukraine zurückgebe, sei ja trotz der internationalen Sanktionen und weltweiten Kritik wenig wahrscheinlich. »Vielleicht werden es erst meine Enkel erleben, aber ich hoffe, dass die Krim eines Tages uns gehören wird und wir als indigenes Volk hier das Sagen haben. Man kann doch nicht einfach ein Stück Land nehmen, das einem nicht gehört. Die Krim gehört weder Russland noch der Ukraine, sie gehört den Krimtataren. Und wenn hier jemand herkommt, dann muss er uns um Erlaubnis fragen.« Damit meine sie nicht die Unabhängigkeit der Krim, sondern eine Form von Autonomie. Und zwar innerhalb der Ukraine, obwohl diese sich bisher wenig um die Krimtataren kümmere. Aber Russland komme nicht in Frage, nicht einmal als Schirmherrin für einen Autonomie-Status, meint Ametowa. »Was es heißt, in Russland zu leben, haben wir jetzt wieder erfahren. Unser neues Mutterland hat uns seine Zuneigung bewiesen«, meint sie zynisch. Und fügt hinzu, dass Moskau die Krimtataren durchaus hätte versöhnlicher stimmen können, wenn es gewollt hätte. »Wenn sie nach der Annexion kompromissbereit gewesen wären, uns angehört hätten. Irgendwelche Schritte auf uns zu gemacht hätten. Aber nein, man hat sich dafür entschieden, uns einzuschüchtern und in Angst und Schrecken zu versetzen.«

Die große Mehrheit der Krimtataren scheint sich aber dennoch mit der Situation abgefunden zu haben oder zumindest nicht öffentlich dagegen aufzubegehren, entgegne ich. »Klar, Sie sehen ja, dass viele von denen, die gegen die Annexion demonstriert haben oder sonst dagegen aufgetreten sind, im Gefängnis sitzen oder nicht mehr einreisen dürfen.« Viele Krimtataren würden aus Angst vor Unannehmlichkeiten schweigen und sich lieber unauffällig verhalten. Was aber nicht heiße, dass sie die russische Krim anerkennen würden, ist Ametowa überzeugt. Und von den wenigen Krimtataren, die mit dem Kreml zusammenarbeiten würden, wie der Regierungspolitiker Smirnow, habe keiner das Volk hinter sich. »Keiner gibt ihnen die Hand und wenn sie zum Beispiel zu einer Beerdigung eines Krimtataren kommen, werden sie von den Angehörigen weggeschickt.« Die Krimtataren seien eben ein unbeugsames Volk, das hätten sie während ihrer langen Geschichte oft bewiesen, fügt Sarina Ametowa hinzu.

Niemals würden sie die Übernahme der Krim durch Russland akzeptieren. »Aber unser Kampf ist friedlich, wir haben noch nie zu gewaltsamen Mitteln gegriffen«, betont Ametowa.

Welche Zukunftsperspektiven sie für ihr persönliches Leben sehe, ihren weiteren Weg als Bildhauerin zum Beispiel, frage ich Sarina Ametowa zum Schluss unseres Gesprächs. »Ich weiß es nicht«, antwortet sie mit leiser Stimme. »Ich bin ein sehr kreativer Mensch, habe zu allem einen schöpferischen Zugang. Aber seit den Ereignissen der letzten Jahre ist etwas in mir zerbrochen. Ich bin nicht mehr fähig, künstlerisch zu arbeiten.« Sie schaffe es nicht einmal, für ihren geliebten Vater, der vor wenigen Jahren verstorben sei, ein Grabmal zu entwerfen: »Wenn ich mich mit einem Stift hinsetze und zeichnen will, bin ich wie gelähmt. Ich sehe nichts in mir. Keine Bilder, keine Muster. Nur Leere.«

»Für die Mächtigen sind wir, das Volk, wie ein Schwarm lästiger Insekten, die man vertreiben muss.«

Pawel Schelkow, Putin-Kritiker und Kämpfer gegen Willkür und Gesetzlosigkeit durch Beamte und Politiker, Moskau

Es regnet in Strömen, als wir an diesem Herbsttag nach einer Stunde Autofahrt das kleine Dorf Baranzewo erreichen. Es liegt rund 30 Kilometer nordwestlich von Moskau, ist von Grünflächen und Wäldern umgeben und eine beliebte Wohngegend für wohlhabende Beamte und Politiker aus Moskau geworden, die der Hektik der Millionenstadt entfliehen möchten. Sie seien es auch, die sein Leben und das seiner Familie zur Hölle machten, erzählt Pawel Schelkow wütend, als wir am vereinbarten Treffpunkt an der Durchfahrtsstraße in Baranzewo, neben einem kleinen Supermarkt, ankommen. Auch Schelkow ist vor einigen Jahren mit seiner Frau Ljubow und den beiden Töchtern aus Moskau in das 50-Seelen-Dorf gezogen, wo er für seine Familie ein Haus gebaut hat. Ruhig und friedlich hätten sie hier gelebt, erzählt Schelkow, bis vor Kurzem eine regelrechte Hetzkampagne gegen ihn und seine Familie begonnen habe. Schelkow fährt mit uns zu einer schmalen Dorfstraße, die durch ein Waldstück zu ein paar abgelegenen Häusern führt, unter anderem auch zu seinem Wohnhaus. »Auf dieser Straße, die immer für alle offen war, sind plötzlich eines Nachts fünf Absperrungen aufgestellt worden. Einfach so«, empört sich Schelkow, als wir bei der ersten Schranke ankommen. Diese hebt sich, nachdem Schelkow dem Wachmann, der in einem kleinen Kabäuschen neben der Schranke Dienst tut, erklärt, dass er hier wohnt. Wir fahren weiter und stehen wenige Hundert Meter weiter vor der nächsten Absperrung, dieses Mal ein meterhohes Tor aus grün gestrichenem Metallgitter. Der Wachmann, der hier die Durchfahrt kontrolliert, beobachtet uns argwöhnisch, als er sieht, dass wir mit einer Fernsehkamera unterwegs sind. Schließlich öffnet er wortlos das Tor. Vor wenigen Tagen habe an dieser Absperrung einer der aus Moskau zugezogenen Nachbarn von seiner Frau Ljubow Geld verlangt und gedroht, sie dürfe sonst nicht zu ihrem Wohnhaus weiterfahren. 5000 Rubel pro Monat koste ab jetzt die neue »Maut«, habe der Nachbar seine Frau wissen lassen und sie grob beschimpft. »Natürlich hat sie nicht bezahlt und ist dann irgendwann durchgelassen worden«, schüttelt Schelkow den Kopf. »Aber ich musste mit ihr zum Arzt, weil sie nach diesen Beschimpfungen und Drohungen fast einen Nervenzusammenbruch erlitten hat.«

Wir fahren auf der schmalen Straße weiter durch den Wald, biegen allerdings nicht zum Haus von Schelkow ab. Er möchte uns zuerst noch die anderen Absperrungen auf der einst frei befahrbaren Dorfstraße zeigen. Kurz darauf müssen wir vor einem hohen, blickdichten Metalltor anhalten, das geschlossen ist. Nur für Fußgänger lässt sich eine kleine Seitentür öffnen. »Sehen Sie, man muss jetzt um Erlaubnis für die Durchfahrt bitten«, erklärt Schelkow und deutet mit dem Kopf auf eine junge Frau, die ebenfalls mit ihrem Auto vor dem Tor angehalten hat und ungeduldig etwas in eine Sprechanlage ruft. Dabei gestikuliert sie heftig mit den Armen in Richtung einer Überwachungskamera. Wenig später öffnet sich das Tor und die junge Frau fährt weiter. Wir gehen zu Fuß durch die Seitentür der Absperrung. »Hier wohnen sie alle. Dort der Staatsanwalt und dort, auf der anderen Seite, ein Mitglied der Moskauer Stadtregierung.« Schelkow zeigt auf zwei große Villen, die zur Straße hin durch hohe Zäune abgeschirmt sind. Es gebe noch zwei weitere Absperrungen auf dieser einen, kleinen Dorfstraße, also insgesamt fünf, erzählt Schelkow, als wir uns auf den Weg zu seinem Haus machen. Jahrelang habe hier freie Durchfahrt geherrscht, die Straße sei immer für alle offen gewesen. »Und jetzt plötzlich sollen wir dafür zahlen, dass wir zu unserem Haus fahren können? Sicher nicht!«, sagt Schelkow wütend. Die Dorfstraße sei nicht im Privatbesitz der neuen, reichen Zuzügler und daher hätten sie nicht das Recht, diese Schranken und Absperrungen aufzustellen. »Aber ich bin mir sicher, dass sie jetzt versuchen, mit unseren Lokalpolitikern einen Deal zu vereinbaren und die Straße als Teil ihrer Privatgrundstücke ins Kataster zu schreiben. Dann können sie ganz legal damit machen, was sie wollen, und wir haben nichts mehr zu sagen.«

Daran, dass es die einflussreichen Zuzügler aus Moskau sind, die hinter den plötzlich aufgetauchten Schranken stecken, hat Pawel Schelkow keinen Zweifel. Wir sitzen inzwischen in der Küche seines Holzhauses, nahe der umstrittenen Dorfstraße. »Hier in der Gegend wohnen heute vor allem Unternehmer, Beamte und Politiker aus Moskau. Sie wollen, dass niemand Fremder an ihren Anwesen vorbeifährt. Sie sind reich und wollen sich durch die Absperrungen schützen. Und die Kosten für die dafür nötigen Schranken und das Wachpersonal, die sollen wir zahlen! Die einfachen Leute, die hier wohnen. Ich und meine Familie und die paar invaliden Pensionisten in der Nachbarschaft. 5000 Rubel pro Monat! Das ist fast die Hälfte ihrer winzigen Pension, sie können das gar nicht bezahlen!« Schelkow schüttelt den Kopf und breitet auf dem Küchentisch einen ganzen Stapel an dicht bedruckten Blättern voller Amtsstempel aus. Es sind die Antworten, die er von verschiedenen Behörden auf seine Beschwerden erhalten hat. Diese hatte er zuvor an zahlreiche Stellen gerichtet: an die Stadt Moskau, den Gouverneur der Region Moskau, die Regierung und das Parlament der Kleinstadt Andrejewka, zu der das Dorf Baranzewo gehört, an die Polizei wegen der Drohungen gegen seine Frau und nicht zuletzt sogar an Präsident Putin. Bisher sind diese Beschwerden erfolglos geblieben: »Entweder werde ich abgewimmelt und man teilt mir mit, dass die angeschriebene Stelle nicht zuständig ist. Oder es heißt mit freundlichen Worten, dass man mir helfen wird. Aber natürlich passiert danach nichts.« Schelkow zuckt mit den Schultern und blickt auf die unzähligen Schreiben auf dem Tisch. »Aber immerhin hat unsere Stadt Andrejewka in ihrem Antwortschreiben bestätigt, dass egal, welche Absperrungen hier im Moment stehen, ständig freier Durchgang und freie Durchfahrt für die Anwohner herrschen muss. Was natürlich von den Schranken-Erbauern nicht befolgt wird.«

Eigentlich habe er sich zunächst nicht gegen die neuen Schranken wehren wollen, erzählt Schelkow. Erst als einer der mächtigen Nachbarn begonnen habe, Geld für die Durchfahrt zu seinem Haus zu verlangen und seine Frau Ljubow bedroht habe, habe er keine andere Wahl gehabt, als sich zu wehren und darauf zu drängen, dass auch einflussreiche Beamte und Politiker sich an das Gesetz zu halten hätten.

Seit Pawel Schelkow bei zahlreichen Behörden Beschwerden eingereicht hat, hat sich das Leben seiner Familie in einen Alptraum verwandelt. Eines Morgens lag eine der Katzen der Familie, die nachts oft im Freien sind, blutüberströmt und leblos vor der Tür. Schelkows Stimme stockt, als er davon erzählt: »Es war ein furchtbarer Anblick. Und es war sofort klar, dass das Tier getötet worden ist.« Er ließ die Katze obduzieren und der Befund bestätigte, was er geahnt hatte: »Zuerst wurde ein Hund auf die Katze gehetzt und danach wurde sie grausam umgebracht. Ihre inneren Organe sind zerfetzt.

Ich weiß nicht, wie Menschen imstande sind, so etwas zu tun.« Kurz darauf erhielt Schelkow Drohungen, dass auch seinen beiden Töchtern etwas zustoßen könnte. »So leben wir hier. So wird mit jenen umgegangen, die sich erlauben, gegen die Mächtigen aufzumucken.« Dabei fordere er doch nichts anderes, als dass die Gesetze für alle Bürger gelten. »Wenn ich hier plötzlich Schranken auf einer Straße aufstelle, werde ich sofort verhaftet. Die aber können seelenruhig tun, was sie wollen, und Gesetze brechen.« Klein beigeben werde er trotz der Drohungen gegen seine Familie nicht, betont Pawel Schelkow. »Ich mache weiter. So lange, bis unsere Rechte respektiert werden. Jene meiner Familie und der anderen Anwohner hier.«

Kurz darauf treffe ich Schelkow und seine Frau vor dem Gebäude der russischen Generalstaatsanwaltschaft in Moskau wieder. Ich begleite die beiden, als sie auch dort eine Beschwerde gegen den illegalen Bau der Schranken und die Geldforderungen der Nachbarn einreichen. Der kleine Vorraum zu den Amtsstuben ist stickig und bis auf den letzten Platz gefüllt. Junge Frauen, Pensionisten, alle warten geduldig oft stundenlang, bis sie aufgerufen werden. Als Pawel Schelkow an die Reihe kommt, folge ich ihm und seiner Frau in ein kleines Zimmer, in dem eine Dame hinter ihrem Computer wartet. Sie nimmt die persönlichen Daten der Schelkows auf und fragt nach den Details der Ereignisse. Ich habe den Eindruck, dass sie die Schilderungen von Schelkow und seiner Frau langweilen. An den Erfolg seiner Beschwerde bei der Staatsanwaltschaft mag Schelkow selbst nicht so recht glauben: »Die stecken doch alle unter einer Decke. Die Staatsanwaltschaft ist Teil des russischen Machtapparats und dient nur den Mächtigen«, meint er, als wir den Raum verlassen. »Wenn ein einfacher Bürger einem Regierungsmitglied aus Moskau oder einem Justizbeamten gegenübersteht, der seine Rechte bricht, gibt es kaum Chancen, dass die Staatsanwaltschaft auf unserer Seite steht. Sie steht auf der Seite der Mächtigen.« Aber natürlich, lächelt Schelkow, könne es immer ein Wunder geben: »Wie heißt es doch so schön: Die Hoffnung stirbt zuletzt.«

Vor dem Gebäude läuft plötzlich ein älteres Paar auf mich zu, die Frau tränenüberströmt. Ob ich Journalistin sei, will sie wissen und deutet auf unsere Kameraausrüstung. Und bittet mich schluchzend, ihnen zu helfen. Sie habe mich im Gebäude der Staatsanwaltschaft gesehen, sie hätten dort auch eine Beschwerde eingereicht, sagt sie und meint, ich sei ihre letzte Hoffnung. Russische Medien würden über ihr Schicksal nicht berichten wollen und weder Polizei noch Staatsanwaltschaft, noch irgendwelche anderen Behörden würden ihnen helfen. Und sie hätten auch kein Geld, um sich teure Anwälte zu leisten. Irina – ich habe ihren Namen für diesen Text geändert – erzählt, dass sie in einer Kleinstadt wenige Hundert Kilometer außerhalb von Moskau leben und eigens nach Moskau gereist sind, um sich an die Generalstaatsanwaltschaft zu wenden. »Die Behörden bei uns in der Provinz sind alle korrupt, in Moskau ist es vielleicht besser«, meint die Frau. Ihr Sohn sei Polizist und mache, anders als die meisten Mitarbeiter im russischen Sicherheitsapparat, bei korrupten Machenschaften nicht mit. Im Gegenteil, er lasse manchmal sogar Vorgesetzte auffliegen, wenn sie ihr Amt für illegale Deals missbrauchten, um sich zu bereichern oder sich Vorteile zu verschaffen. Nun würden der Sohn und die Familie Drohungen erhalten, sagt Irina. Sie erzählt, dass sie und ihr Mann im Vorzimmer einer der vielen Amtsstellen des Innenministeriums in Moskau so lange gesessen seien und sich geweigert hätten, zu gehen, bis sie jemand empfangen und angehört habe. Danach habe das Ministerium sogar eine Aufsichtskommission zur Polizeistelle des Sohnes in die Provinz geschickt, die den Fall untersucht habe. Die Arbeit des Sohnes sei für gut befunden worden, erzählt Irina, doch seine lokalen Vorgesetzten hätten ihn trotzdem strafversetzt. Und drohten jetzt mit seiner Entlassung, obwohl er als Polizist nur ehrlich arbeiten wolle. Ich sage dem verzweifelten Paar, dass ich ihnen helfen würde, einen Anwalt zu finden, der sie und ihren Sohn juristisch unterstützt. »Sehen Sie«, meint Pawel Schelkow, der die Unterhaltung mit angehört hat, »ein Besuch bei der Generalstaatsanwaltschaft zeigt einem das geballte Leid der normalen Bürger in diesem Land. So viele sind es, die keine Chance haben, sich gegen die Gesetzlosigkeit zu wehren, gegen die Mächtigen. Und jeder, der mit seinem Anliegen hierher kommt, weiß ganz genau, dass es umsonst ist. Dass ihm niemand helfen wird, zu seinem Recht zu kommen.«

Der russische Bürgerrechtler Lew Ponomarjow bestätigt diese Aussage von Pawel Schelkow. Ich treffe ihn zum Interview, weil ich seine Einschätzung hören möchte, wie groß die Chancen von Schelkow und anderen russischen Bürgern sind, sich vor Behörden und Gerichten gegen Gesetzlosigkeit und Willkür der Mächtigen durchzusetzen. »Oft halten in der politischen Elite alle zusammen. Die Polizei, die Richter, die Staatsanwälte, die Politiker und die Unternehmer, alle decken und schützen einander.« Aussicht auf Erfolg mit einer Klage oder Beschwerde gegen ein Mitglied der Elite habe ein Normalbürger oft nur dann, wenn dies aus irgendeinem Grund einer der vielen rivalisierenden Gruppen im Machtapparat helfe. »Das gilt nicht nur für die normale Bevölkerung, sondern auch für die höchsten Machtkreise im Land«, unterstreicht der Bürgerrechtler. »Sehen Sie sich nur die vielen Auseinandersetzungen und Rivalitäten zwischen den einzelnen Sicherheitsstrukturen in Russland an. Zwischen dem Geheimdienst FSB und anderen Sicherheitsapparaten. Letztendlich gewinnt immer derjenige, der näher beim Kreml steht.

Und nicht der, der laut Gesetz recht hat.« Dieses Gefühl des Ausgeliefertseins, der Hilflosigkeit dem politischen Machtsystem gegenüber, sei ein Zeichen für einen zunehmend totalitären Staat, sagt Lew Ponomarjew. Totalitär sei ein Regime nicht nur dann, wenn es Massenrepressionen gegen die Bevölkerung gebe, sondern auch, wenn diese für sich keine Möglichkeit sehe, sich gegen die Gesetzlosigkeit der Machtelite zu wehren. Die Beispiele von Pawel Schelkow und dem Paar aus der Provinz seien keine Einzelfälle, sondern typisch für das politische System in Russland. Wobei dies noch relativ harmlose Beispiele seien, schränkt der Bürgerrechtler ein: »Immerhin sind die Betroffenen in Freiheit und nicht im Gefängnis. Noch jedenfalls. Aber Tausende russische Bürger sitzen hinter Gittern, einfach so. Ohne dass sie eine Straftat begangen hätten.«

Ponomarjow erwähnt einen russischen Blogger, der Informationen zu Russlands Militäreinsatz in Syrien veröffentlicht hatte und dafür zu zwei Jahren Haft verurteilt wurde. »Er hat keine geheimen Informationen verbreitet, es waren öffentlich zugängliche und bekannte Fakten«, schüttelt Ponomarjow den Kopf: »Oder die Bauern aus Südrussland, die sich mit den Traktoren nach Moskau zu Präsident Putin aufmachen wollten, um ihn um Hilfe gegen korrupte Agrar-Großbetriebe zu bitten. Sie wurden von der Polizei gestoppt und zehn Tage ins Gefängnis geworfen. Es gibt unzählige solcher Fälle im Land. Von Menschen, die ohne Beweise, dass sie etwas verbrochen hätten, eingesperrt werden.« Das Gleiche gelte für Haftstrafen für Teilnehmer an nicht genehmigten Demonstrationen. Das widerspreche der russischen Verfassung, die das Versammlungsrecht der Bürger garantiere. In Russland sei ein Macht- und Sicherheitsapparat von Beamten entstanden, der alles dafür tue, damit das politische System so bleibe, wie es ist, und auch Präsident Putin an der Macht bleibe.

Um dies zu gewährleisten, versuche der Machtapparat, immer neue Grenzen auszuloten, wie weit er in der Einschränkung der Freiheiten der Bevölkerung gehen könne. Zuerst sei die Versammlungsfreiheit auf der Straße beschnitten und nun die politische Verfolgung von Kritikern auch auf das Internet ausgedehnt worden. »Aber die russische Gesellschaft nimmt das hin. Manchmal protestiert sie leicht, aber insgesamt schweigt sie.«

Trotzdem gelinge es seiner Menschenrechtsorganisation manchmal, einem Bürger zu seinem Recht verhelfen, sagt Ponomarjow. »Im Moment lässt man uns noch arbeiten, auch wenn wir von allen Seiten angefeindet werden. Hoffen wir, dass das noch eine Zeit lang so bleibt.« Die Arbeit der Menschenrechtsorganisation von Lew Ponomarjow wurde allerdings zuletzt dadurch erschwert, dass sie laut einem neuen russischen Gesetz als »ausländischer Agent« gebrandmarkt wird. Diese Bezeichnung ist in Russland absolut rufschädigend, zu Zeiten der Sowjetunion wurden unter diesem Begriff Spione und Vaterlandsverräter verstanden. Heute wird jede Nichtregierungsorganisation, die in den Augen der russischen Justiz politisch tätig ist – was nicht genau definiert wird – und von ausländischen Sponsoren unterstützt wird, als solcher »ausländischer Agent« bezeichnet.

Kann Pawel Schelkow zumindest einen Rest Hoffnung haben, dass er sich irgendwann gegen die mächtigen Nachbarn, die ihn bedrohen und illegal Geld für die Straßenbenützung verlangen, durchsetzen kann? »Die Chancen sind nicht gut«, antwortet der Bürgerrechtler auf meine Frage. »Aber sie sind nicht gleich null. Wie gesagt, wenn es jemandem in der Elite nützt, dann ist es möglich.«

Einige Monate später fahre ich wieder nach Baranzewo. Es ist inzwischen Winter geworden und das Dorf liegt unter einer hohen Schneedecke. Die Schranken und Absperrungen auf der schmalen Waldstraße, die zu Pawel Schelkow und seinen Nachbarn führt, sind immer noch da. »Kurz nachdem Sie das letzte Mal hier waren und gefilmt haben, wurden die Schranken abmontiert«, lacht Schelkow, als ich ihn treffe. »Die sind wohl erschrocken, dass da ein ausländisches Fernsehteam auftaucht. Ein paar Tage später sind sie aber wieder aufgebaut worden.« Immerhin, so erzählt er, würden es die Nachbarn nicht mehr wagen, Geld für die Durchfahrt zu verlangen, seit er bei den Behörden protestiert habe.

Ich erzähle ihm von unseren vergeblichen Versuchen, die Nachbarn, die hinter der blickdichten Absperrung wohnen, zu kontaktieren. Gerne hätte ich beispielsweise den dort wohnenden Moskauer Regierungspolitiker gefragt, ob er tatsächlich für die plötzlich aufgetauchten Schranken und die Geldforderungen an die Dorfbewohner verantwortlich sei. Oder ob er nichts damit zu tun habe. Doch meine Anfragen blieben unbeantwortet. Ebenso wie jene, die ich mehrfach an den Bürgermeister von Andrejewka gerichtet habe, der kleinen Stadt, zu der Baranzewo gehört. Keine Zusage, keine Absage, ich habe auf meine telefonischen und schriftlichen Anfragen schlichtweg keine Reaktion erhalten. Schade, denn für meine Reportage hätte ich gerne eine Stellungnahme der Stadtregierung zu diesem Konflikt um Absperrungen eingeholt, mit denen einige Bewohner andere auf Abstand halten wollen – mit Geldforderungen und notfalls auch Drohungen und getöteten Haustieren.

Gemeinsam mit Pawel Schelkow machen wir uns auf und fahren zum Rathaus von Andrejewka. Ich möchte zumindest das Gebäude filmen, um in meinem Fernsehbeitrag darauf hinweisen zu können, dass der Bürgermeister unsere Anfragen ignoriert hat. Als wir auf der Straße vor dem Rathaus stehen und die Außenfassade des Gebäudes filmen, läuft eine ältere Dame aufgeregt auf uns zu. Wir rechnen bereits damit, weggeschickt zu werden. Zwar darf laut russischer Gesetzgebung auf einer öffentlich zugänglichen Straße alles gefilmt werden, doch es kommt oft vor, dass Kamerateams, die aus irgendwelchen Gründen nicht willkommen sind, weggejagt werden. Die Dame fragt uns, wer wir sind, und als ich ihr erkläre, dass wir für das österreichische Fernsehen arbeiten und unsere Interviewanfrage an den Bürgermeister bereits seit Monaten ignoriert wird, fordert uns sie uns überraschend auf, ihr ins Rathaus zu folgen. Man werde versuchen, die Frage zu klären, verspricht sie uns.

Kurz darauf sitzen wir im winzigen Arbeitszimmer des stellvertretenden Bürgermeisters. Er betont, dass er von unserer Interviewanfrage bezüglich der Schranken nichts wisse, da sei wohl ein Fehler in der Verwaltung des Hauses passiert. Und ja, gerne tue er das nicht, immerhin komme das alles sehr unerwartet, aber er sei zu einer kurzen Stellungnahme bereit. Zumal sein Chef, der Bürgermeister, heute nicht anwesend sei. Im Interview bestätigt dann der Vizebürgermeister, dass die Schranken und Absperrungen auf der Dorfstraße illegal errichtet worden seien. Die Straße gehöre derzeit niemandem, es gebe im Grundbuch keinen Besitzer. Die Stadt Andrejewka wolle das nun ändern und diese wie auch mehrere andere kleine Dorfstraßen als »städtische Grundstücke« registrieren. Solange es aber keinen rechtmäßigen Besitzer dieser Straße gebe, der das auch mit den nötigen Dokumenten belegen könne, habe niemand das Recht, hier Schranken aufzustellen. Und schon gar nicht, Geld für die Durchfahrt zu fordern. Pawel Schelkow lächelt zufrieden, als er das hört. Die Stadt sei dafür aber nicht zuständig, es sei Sache der russischen Justiz, für die Beseitigung der Schranken und die Einstellung der Geldforderungen zu sorgen, fährt der Stadtpolitiker fort.

»Natürlich wird die Stadtregierung nichts gegen diese Willkür unternehmen und wälzt alles auf die Justiz ab. Sie stecken sicher mit den reichen Zuzüglern unter einer Decke«, kommentiert Schelkow das Interview mit dem Vizebürgermeister. Und erzählt von der Schmutzkampagne, die zuletzt gegen ihn losgetreten wurde. Nachdem unser ORF-Kamerateam und ein Journalist des kleinen, unabhängigen Internetsenders »Doschd« in Baranzewo aufgetaucht seien, um über den Konflikt rund um die Straßenschranken zu berichten, hätten die reichen Hausbesitzer ein paar Anwohner zu einer Demonstration für die Schranken eingeladen. »Sie wollten den Anschein erwecken, dass die Dorfbewohner selbst diese Absperrungen wollen. Und sie haben tatsächlich einige zusammengetrommelt, die sagen, sie würden aus Sicherheitsgründen solche Schranken gut finden.« Auf dieser »Kundgebung« seien auch er und einige Mitstreiter aufgetaucht, erzählt Schelkow. Worauf ihn die benachbarten hohen Beamten und Politiker als Volksfeind beschimpft hätten. Einer habe sogar eine Mappe mit Fotos und Zeitungsartikeln über Schelkow dabeigehabt, die ihn auf regierungskritischen Demonstrationen oder auf dem Kiewer Maidan zeigen, zu dem er gereist war. Er möge Putin und Russland nicht und solle sich daher in Acht nehmen. Und was so einer wie er überhaupt hier wolle, hätten die Organisatoren der Demonstration gefragt. »Als ob meine politische Position irgendetwas mit ihrem illegalen Bau von Schranken zu tun hätte«, schüttelt Schelkow den Kopf. Immer häufiger würden er und seine Familie im Dorf von den anderen Bewohnern geschnitten, erzählt er. Aufgeben will er trotzdem nicht.

Ob er nicht Angst habe um sich und seine Familie, immerhin sei die tote Katze vor der Tür ja eine deutliche Drohung gewesen, frage ich ihn. »Natürlich habe ich Angst um das Leben meiner Kinder. Aber wir kämpfen weiter für unser Recht. Meine Familie und ich sind uns da einig.« Auch der Oppositionelle Boris Nemzow, der auf offener Straße neben dem Kreml erschossen wurde, habe Angst gehabt, meint Schelkow. »Wir sind uns der Risiken bewusst und wissen, was in diesem Land passieren kann, und machen trotzdem weiter.«

Dass öffentliches regierungskritisches Auftreten in Russland sehr unangenehme Folgen haben kann, weiß der Putin-Kritiker Schelkow seit Langem. »Als ich während der Proteste auf dem Kiewer Maidan mit einer ukrainischen Flagge am Auto durchs Dorf gefahren bin, wurde mein Hund vergiftet. Eines Tages lag er tot im Garten.« Aber er habe trotzdem nicht aufgehört, an Anti-Putin-Demonstrationen teilzunehmen. »Ich möchte, dass die Mächtigen endlich das Volk hören und respektieren. Dass sie verstehen, dass wir keine Herde von dummen Tieren sind, mit denen man machen kann, was man will.« Mehrfach ist Schelkow auf Demonstrationen schon festgenommen worden. Auch wegen Einzel-Mahnwachen, die sogar laut dem eng gefassten russischen Versammlungsrecht ausdrücklich erlaubt sind: »Für zwei Tage haben sie mich ins Gefängnis geworfen, weil ich bei einer Mahnwache ein Plakat gegen Krieg in die Höhe gehalten habe. Und unsere feinen Nachbarn stellen einfach illegal Schranken auf und es passiert überhaupt nichts.«

Schon seit seiner Zeit als junger Erwachsener sei er oppositionell eingestellt, erzählt der ausgebildete Geologe Pawel Schelkow. Als Jugendlicher habe er noch an die Segnungen des Kommunismus und der Sowjetunion geglaubt, erinnert er sich. Doch dann habe er eines Tages vom grausamen Schicksal der Familie seiner Großeltern erfahren, die in den 1930er-Jahren unter Sowjetdiktator Stalin entkulakisiert wurden. Vor dem Hintergrund der Zwangskollektivierung der Landwirtschaft wurden nicht nur die Kulaken, wie relativ wohlhabende und selbständige Bauern genannt wurden, deportiert oder erschossen. Auch andere »Volksfeinde«

wie die Kosaken, freiheitsliebende und kriegerische Reiter-verbände, die im zaristischen Russland oft zur Grenzsiche-rung eingesetzt wurden, ereilte dieses Schicksal. Schelkows Großvater war ein Nachkomme von Kosaken und daher wur-de seine ganze Familie nach Sibirien und in einen Gulag nach Nordrussland verbannt. Der Großvater selbst entkam diesem Schicksal nur durch Zufall, weil er in ein anderes Dorf gezo-gen war, als die Stalin-Schergen kamen, um seine Familie zu holen. »Seither will ich mit keinem totalitären Regime mehr etwas zu tun haben. Auch 1991 war ich schon auf den Barri-kaden.« Damals versuchte eine Gruppe von Funktionären der Kommunistischen Partei, Staatspräsident Michail Gorbat-schow abzusetzen, weil ihnen seine Reformen zu weit gin-gen. Zehntausende Demonstranten gingen in Moskau gegen die Putschisten auf die Straße, unter ihnen auch Pawel Schel-kow. Kurz darauf brach die Sowjetunion zusammen.

Heute sei sein größter Wunsch, seinen beiden Töchtern, die derzeit in Moskau studieren, nach ihrer Ausbildung eine Zukunft im Ausland zu ermöglichen. »Damit zumindest sie in einem normalen Land leben«, erklärt Schelkow. Er selbst wolle nun sein selbstgebautes Haus in Baranzewo verkau-fen und wieder nach Moskau ziehen, um von der feindseli-gen Nachbarschaft wegzukommen. Ob er angesichts seiner schlechten Erfahrungen als Regimekritiker weiterhin da-ran glaube, dass sein Einsatz irgendwann Früchte trage und Russland sich zu einem freieren Land entwickle, möchte ich wissen. »Wie sagt man so schön? Ich hoffe es. Aber ich glaube es nicht«, meint Pawel Schelkow resignierend. Unter Präsi-dent Putin, der sich nun noch einmal der Wahl stellen wolle, werde sich sicher nichts ändern. Und aller Voraussicht nach werde auch sein Nachfolger ein Mann des bestehenden po-litischen Systems sein. Die einfache Bevölkerung werde also weiterhin kaum Rechte haben, die politische Elite jedoch straffrei Gesetze brechen können. »Für die Mächtigen sind wir, das Volk, doch nur wie ein Schwarm lästiger Insekten, die man verjagen muss.«

Wenig später treffe ich Michail – auch seinen Namen habe ich geändert – wieder, den Mann von Irina, die ich vor einiger Zeit vor der Generalstaatsanwaltschaft in Moskau kennengelernt hatte. Er erzählt mir, dass ihr Sohn nun, wie befürchtet, seinen Job als Polizist verloren hat. Er sei unter dem Vorwand der Verletzung von Dienstpflichten entlassen worden und jetzt ohne Arbeit. Wo Irina sei, frage ich Michail, den ich das erste Mal ohne seine Frau sehe. »Sie steht unter Hausarrest«, erzählt er und bricht in Tränen aus. Sie dürfe ihr Haus nicht verlassen und mit niemandem telefonieren. Die Strafverfolgungsbehörden in ihrer Region würden wegen großangelegten Betrugs gegen sie ermitteln. Als ich später mit dem Anwalt der beiden spreche, den ich ihnen vermittelt habe, bestätigt dieser meine Befürchtung. Er meint, dass es sich bei den Ermittlungen vermutlich um eine Racheaktion einflussreicher lokaler Sicherheitsbeamter handle. Weil der Sohn während seiner Tätigkeit als Polizist illegale Machenschaften im Polizeiapparat auffliegen habe lassen und seine Eltern sich bei den Behörden in Moskau über seine Strafversetzung beschwert hätten. Nun hätten plötzlich mehrere alte Bekannte des Paars, denen sie seit Längerem Geld schuldeten, Anzeige erstattet und Irina Betrugsabsichten vorgeworfen. »Alle haben die Anzeige gleichzeitig eingereicht, an ein- und demselben Tag. Das ist doch kein Zufall, irgendjemand hat sie dazu gedrängt«, meint Michail. Falls es tatsächlich zum Gerichtsprozess wegen groß angelegten Betrugs kommt, drohen Irina mehrere Jahre Gefängnis.

»Nationale Fragen sind bei uns wichtiger als alles andere. Etwas Gutes, Menschliches oder echte Hilfe für die Bevölkerung gibt es nicht.«

Jurij Fidelgolz, Pensionist und ehemaliger Gulag-Häftling, Moskau

Es schneit an diesem Februartag in Moskau. Als wir langsam über das Glatteis auf dem Gehsteig zum Eingang des mehrstöckigen Wohnhauses gehen, rufe ich Jurij Fidelgolz an und frage, ob wir schon hinaufkommen können. Wir seien etwas früher da als vereinbart. Natürlich sollen wir kommen, ruft der schwerhörige Herr ins Telefon, er erwarte uns schon den ganzen Nachmittag mit großer Ungeduld. Die Wohnungstür öffnet uns nicht Jurij Fidelgolz, sondern ein Arzt, Eduard Karjuchin. Er arbeitet für eine private Wohltätigkeitsorganisation, die alte und kranke Menschen zu Hause medizinisch betreut. Mehrmals pro Woche besucht er den Pensionisten Fidelgolz, untersucht ihn und bringt Medikamente mit. »Er wartet im Wohnzimmer. Bitte entschuldigen Sie seine Aufmachung«, meint der Arzt und deutet auf die Fernsehkamera: »Er hat einen Morgenmantel an, weil er sich vor lauter Erschöpfung immer wieder hinlegen muss. Ich hoffe, das stört nicht bei den Aufnahmen.« Ich verneine. Da kommt uns der 88-jährige Jurij Fidelgolz auch schon entgegen. »Endlich sind Sie da. So eine schöne Abwechslung«, meint er und drückt uns bei der Begrüßung lange die Hand. Seine schneeweißen Haare sind zerzaust und er spricht zwar laut, aber langsam und bedächtig. Ich treffe Jurij, weil ich an einer Reportage

151

über das Leben alter Menschen in Moskau arbeite und ihn bitten möchte, von seinem Alltag zu erzählen. Wir gehen ins kleine Wohnzimmer, das vollgeräumt ist mit Schränken, Vitrinen und einem großen Tisch, auf dem sich Andenken an vergangene Zeiten türmen: Fotos, Urkunden, Souvenirs und Plüschtiere. »Es ist so schwer geworden, das Leben. Eigentlich kann ich nur mehr warten, bis mich Gott holt«, antwortet Jurij Fidelgolz auf meine erste Frage, wie es ihm gehe. Er sei sehr müde und jede Aktivität strenge ihn sehr an, weil er schwer krank sei und schon viele Operationen hinter sich habe. Zudem habe ihn sehr erschöpft, dass er seine kranke Frau bis zu deren Tod gepflegt habe. Noch viel schlimmer als Krankheit und Müdigkeit sei aber die Einsamkeit: »Ich bin der Einzige, der von meiner Familie übriggeblieben ist. Ich bin immer allein, keiner bietet einem so alten und kranken Menschen Hilfe an. Obwohl es alle sehen und davon wissen. Man braucht ja nicht mehr viel, wenn man so alt ist wie ich. Und doch möchte man irgendwie leben. Aber ich sehe keine Perspektiven mehr.« Ob denn der Staat ihm keine Hilfe anbiete, wenn schon keine Verwandten da seien, frage ich. »Diese Hilfe ist miserabel«, meint Fidelgolz trocken. »Ein Mädchen vom Sozialdienst kommt manchmal vorbei und kauft mit meinem Geld für mich ein. Das ist alles. Alles andere muss ich selbst erledigen und auch entscheiden, was sich mit der kleinen Pension überhaupt ausgeht.«

Eduard Karjuchin mischt sich ins Gespräch und bestätigt, dass das staatliche russische Sozialsystem keine flächendeckende Betreuung für alte und kranke Menschen vorsehe. Die staatlichen Strukturen würden nur rund 50 Prozent der alten Menschen erfassen, die Hilfe brauchen. Alle anderen seien auf sich allein gestellt. Denn private Hilfsdienste, die teures Geld kosteten, könnten sich die meisten Betroffenen mit ihren kleinen Pensionen nicht leisten. Der Hilfsverein, für den

Eduard Karjuchin arbeitet, versucht, diese Lücke zumindest teilweise zu füllen. Finanziert von privaten Spendern und Organisationen, auch außerhalb Russlands, bietet der Verein häusliche Betreuung für kranke, alte Menschen an. Besonderes Augenmerk wird den Repressionsopfern geschenkt, ehemaligen Politgefangenen, die unter Sowjetdiktator Stalin ins Straflager geschickt wurden und bis heute an den gesundheitlichen Folgen leiden: »Sie werden von den Behörden einfach vergessen. Es wird ihnen keine besondere Betreuung zugedacht, obwohl ihnen der Vorgängerstaat Russlands großes Unrecht angetan hat. Dabei leben nicht mehr viele von ihnen und sie werden immer weniger.«

Auch er sei im Gulag schwer an Tuberkulose erkrankt, erzählt Jurij Fidelgolz, deshalb habe er heute nur mehr eine halbe Lunge. Als erst 21-jähriger Student sei er zu jahrelanger Haft im Arbeitslager verurteilt worden: »Wegen meiner Worte, wie es so schön heißt. Man hat mir vorgeworfen, mich anti-sowjetisch geäußert zu haben.«

Es war im Jahr 1948, als Jurij Fidelgolz und zwei seiner Freunde verhaftet wurden. Zuvor hatten die Beamten beim Durchsuchen seines Hauses alte Tagebuchaufzeichnungen von Fidelgolz gefunden, in denen er Gespräche mit seinen Freunden festgehalten hatte: »Harmlose Diskussionen unter jungen Burschen waren das, die schon lange zurücklagen. Ich hatte das alles längst vergessen. Wir hatten damals darüber gesprochen, dass die Ideologie des Kommunismus zwar ganz wunderbar sei, aber dass wir seltsamerweise in unserem Land nicht besonders gut leben. Und dass die russische Literatur, die früher immer frei war, jetzt eingeschränkt wird.« Diese Gespräche seien weder öffentlich geführt worden, noch hätten die Burschen die Aufzeichnungen veröffentlicht, erinnert sich Jurij Fidelgolz. Doch die Tagebucheinträge waren für die Stalin-Schergen Grund genug, ihn zu zehn Jahren

Gulag zu verurteilen. Fidelgolz wurde in verschiedene Straflager geschickt, zuerst nach Sibirien und dann weiter in den russischen Fernen Osten. Unter furchtbarsten und teilweise lebensgefährlichen Bedingungen musste er Bauarbeiten verrichten und arbeitete im Bergbau. Fidelgolz erzählt, dass er und seine Mitgefangenen bei minus 50 Grad mit der Brechstange Löcher in den Permafrostboden schlagen mussten. Oder in einer Grubenhalde nach Resten von Eisenerz schürfen. Dies in metertiefen Schächten, deren Wände aus Sand immer wieder einstürzten, was für die Männer den Tod bedeutete, wenn sie nicht rechtzeitig ausgegraben wurden. 1954 erkrankte Fidelgolz so schwer an Tuberkulose, dass er krankheitsbedingt aus dem Gulag entlassen wurde. Nach anschließender zweijähriger Verbannung nach Kasachstan wurde das Urteil gegen ihn aufgehoben und er durfte in seine Heimatstadt Moskau zurückkehren. Sechs Jahre später, 1962, wurde Jurij Fidelgolz von den russischen Behörden rehabilitiert.

Seine Erinnerungen an die Jahre im Gulag, den Hunger und die Kälte, hat Fidelgolz zu mehreren literarischen Werken verarbeitet. Zwar habe er beruflich als Bauingenieur gearbeitet, meistens auf großen Moskauer Baustellen, erzählt er. Aber er sei auch Humanist, und Kunst und Poesie hätten ihn schon immer begeistert. Erstmals seit Beginn unseres Gesprächs blitzen die müden Augen von Jurij Fidelgolz auf: »Ich habe viele Gedichte geschrieben und auch Prosa. Nichts Dilettantisches, falls Sie das denken, sondern echte Kunst! Ich bin sogar Mitglied des Moskauer Schriftstellerverbands.« Fidelgolz lächelt stolz. Er habe aber nicht nur über die Zeit im Straflager geschrieben, sondern ganz allgemein über sein Leben, erzählt er: »Ich habe alles festgehalten. Wem ich begegnet bin und wem ich geholfen habe. Es war ein interessantes Leben. Ich habe niemanden hereingelegt und betrogen, ich war zu allen gut. Und habe mir alles selbst erarbeitet.« Für die ihm noch verbleibende Zeit auf dieser Welt erwarte er sich unterdessen nicht mehr viel Gutes, fügt Fidelgolz hinzu. Weder für sich selbst als alten und kranken Mann, noch für sein Heimatland. »Es sind im Moment nicht gerade die besten Zeiten für unser Land. Der Konflikt mit der Ukraine ist nicht gut.« Es ist Februar 2015, als wir dieses Gespräch führen, die Annexion der Krim durch Russland und der Beginn des blutigen Konflikts in der Ostukraine liegen weniger als ein Jahr zurück. »Nationale Fragen sind bei uns wichtiger als alles andere. Und das nicht im besten Sinne. Es gibt viel Geschwätz und viel Lärm. Aber wirklich Gutes und Menschliches oder echte Hilfe für die Bevölkerung, das gibt es nicht.« Er sei jetzt sehr erschöpft, meint Fidelgolz und entschuldigt sich. Er möchte sich ein wenig ausruhen. Eduard Karjuchin begleitet ihn ins Nebenzimmer.

Für die alten Menschen in Russland gelte ganz besonders, was Fidelgolz zuletzt gesagt habe, sagt der Arzt, als er wenige Minuten später wieder zurückkommt. »Um sie kümmert sich wirklich keiner. Es scheint ganz so, als ob sie vom Staat nur als Belastung für das Budget betrachtet werden, die man möglichst einsparen sollte. Als ob man sich denken würde, dass die Alten ohnehin nicht mehr lange leben und daher ihre schlechte Lage schon noch ein wenig aushalten könnten.« Dazu komme, dass alte und kranke Menschen zwar eine sehr verletzliche Schicht der Bevölkerung darstellten, aber nur selten protestierten: »Sie leben isoliert zu Hause oder im Krankenhaus. Ihre Meinung können sie nicht ausdrücken und sie interessiert auch niemanden. Sämtliche Entscheidungen werden über ihre Köpfe hinweg getroffen.« Erst allmählich wachse in den staatlichen Behörden das Bewusstsein dafür, dass Nichtregierungsorganisationen wie der Verein von Karjuchin den Staat bei der Altenbetreuung unterstützen könnten: »Dass Staaten einige soziale Aufgaben an NGOs übergeben, ist im Westen seit Jahren gelebte Praxis. Aber in Russland stecken wir diesbezüglich noch in den Kinderschuhen.« Zudem würden NGOs in Russland grundsätzlich mit Argwohn betrachtet, weil sie den Finger auf wunde Punkte legen und für den Staat unbequeme Fragen aufwerfen würden.

Wie sich die aktuelle schwere Wirtschaftskrise auf das Leben der alten Menschen in Moskau auswirke, frage ich Karjuchin. »Viele der Alten, die wir betreuen, erzählen, dass sie beim Essen sparen. Die Preise für Lebensmittel sind durch die hohe Inflation stark gestiegen. Die Pensionen wurden aber nicht entsprechend erhöht. Die Leute kaufen also weniger Obst und Gemüse, weniger Fleisch. Dadurch werden viele chronisch krank.« Zudem seien auch die Medikamentenpreise nach dem jüngsten Einbruch des Rubels regelrecht explodiert. Nicht nur für ausländische Präparate, sondern auch für russische. »Zum Beispiel kosten bestimmte Augentropfen jetzt 120 statt wie früher 12 Rubel. Das Zehnfache!«, erzählt Karjuchin. Vollends dramatisch mache die Lage für viele alte Menschen, dass ausgerechnet jetzt auch noch eine Gesundheitsreform zu greifen beginne. Für viele vorher kostenlose medizinische Dienstleistungen müsse jetzt bezahlt werden. Was für die meisten Pensionisten unerschwinglich sei.

»Ich habe noch etwas vergessen«, ruft plötzlich Jurij Fidelgolz, der wieder in der Tür steht. Er geht zu einem Bücherregal, zieht ein rot-weiß gestreiftes Büchlein heraus und überreicht es mir. Die roten Streifen auf dem Umschlag stellen Stacheldrähte dar. Es ist ein Gedichtband von Jurij Fidelgolz, in dem er seine Erinnerungen an die Jahre im Straflager in Versform gegossen hat. Der Titel lautet »Limonia«, auf Deutsch »Zitronenland«. Dieser Begriff bezeichnet ein utopisches Paradies, zu Sowjetzeiten wurde so ironisch der Gulag genannt. »Ich möchte es Ihnen schenken«, lächelt Jurij Fidelgolz: »Aber Sie müssen mir versprechen, es zu lesen.«

Ich habe es gelesen, hier ein Gedicht daraus:

Für Iwanow*

Ein Schritt in den Abgrund.
Bereit, Zeuge zu sein.
Das Militärgericht ist streng.
»Sprechen Sie, Iwanow«.
Der Saal mit Geheimdienstlern brechend voll.
In dieser Meute gibt es kein Leben.
»Ich kenne Jurij«, sagtest du.
»Fidelgolz«, brüllte der Richter.

»Hörst du, Jurij! Ich bin dein Freund,
und noch dazu Schauspieler.«
Die Meute schreckte auf.
»Feind!«, erklärte der Staatsanwalt.

Und dann? Dann, Sergej,
scherzte jemand lachend:
»Fidelgolz? Der ist doch Jude.
Du aber bist ein Russe.«
Wie viele Wege sind zurückgelegt
im Rascheln der Kulissen,
Während der blutrünstigsten aller Epochen,
im KGB-Rattentheater?
Viel Zeit ist verstrichen,
verstanden habe ich nur eins:
Die beste aller Rollen
im Gericht hast du gespielt.

---

* Sergej Iwanow, ein Mitstudent von Jurij Fidelgolz, war der Einzige, der vor dem Militärgericht für ihn aussagte.

Gerne hätte ich Jurij Fidelgolz für das vorliegende Buchprojekt noch einmal getroffen und mit ihm darüber gesprochen, wie er es geschafft hat, die traumatisierenden Jahre im Gulag zu verarbeiten. Und dabei nicht am Leben zu verzweifeln, sondern dieses rückblickend sogar als spannend zu bezeichnen. Hat ihm das Schreiben dabei geholfen, das Festhalten der Erinnerungen in Erzählungen und Gedichten? Seine Arbeit, seine Familie? Ich hätte ihn gerne auch gefragt, wie er die heutige Entwicklung der russischen Politik und Gesellschaft beurteilt, in der Kritiker der politischen Führung als »Fünfte Kolonie« und wieder als »Verräter« bezeichnet werden. Macht ihm, der wegen regimekritischer Äußerungen zu jahrelangem Arbeitslager verurteilt wurde, das Sorge? Doch ich kann Jurij Fidelgolz leider nicht mehr fragen. Er ist wenige Monate nach unserem ersten Treffen gestorben.